지 도 와 그 림 으 로 보 는
세계 고대 문명사

청솔

지도와 그림으로 보는
세계 고대 문명사

초판 인쇄일 2011년 2월 14일 **초판 발행일** 2011년 2월 21일
글 비토리오 주디치(**연대표** : 안드레아 바키니) **그림** 알렉산드로 멘키, 안드레아 리치아르디
사진 DTP 베난조니 사 **옮김** 김현주 **추천** 김용만(우리역사문화연구소 소장)
펴낸이 이성훈 **펴낸곳** (주)도서출판 청솔
주소 경기도 파주시 교하읍 문발리 출판문화정보산업단지 507-7
등록 1988년 5월 30일 제312-2003-000047호
전화 031-955-0351~4 **팩스** 031-955-0355 **홈페이지** www.청솔출판사.kr
책값은 표지 뒷면에 있습니다.
ISBN 978-89-7223-331-2 73900

Atlas of Ancient World

Copyright ⓒ 2000 by Divisione DoGi Spa. Italy

Copyright ⓒ 2009 by VoLo publisher srl. Italy

Korean language edition ⓒ 2011 Chungsol Publishing Company
Korean translation rights arranged with VoLo publisher srl., Firenze, Italy through EntersKorea Co., Ltd., Seoul, Korea.

이 책의 한국어판 저작권은 (주)엔터스코리아를 통한 저작권자와의 독점 계약으로 (주)도서출판 청솔이 소유합니다. 신저작권법에 의하여
한국 내에서 보호를 받는 저작물이므로 무단전재와 무단복제를 금합니다.

지·도·와·그·림·으·로·보·는

세계 고대 문명사

글 비토리오 주디치 외 | 그림 알렉산드로 멘키 외 | 옮김 김현주 | 추천 김용만(우리역사문화연구소 소장)

추천사

　21세기 글로벌 시대의 주인공인 우리 어린이들은 세계인들과 함께 살아가야만 합니다. 세계인들과 대화를 나누기 위해 요즘 어린이들은 영어 공부에 많은 시간을 투자하는 것으로 알고 있습니다. 좀 더 부지런한 어린이들은 중국어를 비롯해 제2외국어까지도 공부하고 있겠지요. 그런데 언어는 대화를 할 때 필요한 도구일 뿐입니다. 외국어를 못하면 통역을 이용하면 됩니다. 하지만 외국인과 대화할 내용이 부족한 것은 통역으로 해결할 수가 없는 문제입니다.

　세계화 시대에 더욱 필요해지는 것은 외국에 대한 지식입니다. 세계사 교육을 강화하자는 주장이 외국인과 많은 만남을 해 본 사람들로부터 빈번하게 나오고 있습니다. 외국인이 우리에게 고구려 고분 벽화와 신라 금관, 석굴암을 이야기하며 대화를 시작한다면 우리는 그에게 호감을 갖게 될 것이 분명합니다. 마찬가지로 우리도 외국의 역사와 문화를 잘 안다면 외국인들과 쉽게 친구가 될 수 있을 것입니다.

　최근 우리 어린이들이 읽을 만한 세계사 책들이 많이 출간되고 있습니다. 그리스, 로마를 비롯해 많은 나라의 역사가 소개되고 있는 것은 좋은 일입니다. 청솔에서 펴낸 지도와 그림으로 보는 '세계 고대 문명사'는 이들 가운데 매우 특별한 책입니다.

　많은 세계사 책들이 유럽 중심의 역사로 채워진 반면, 이 책에서는 유럽의 역사뿐만 아니라 근동아시아, 동양, 아메리카, 아프리카, 심지어 오스트레일리아와 태평양의 섬들의 역사까지도 자세히 다루어져 있습니다. 균형 잡힌 시각이 우선 눈에 들어옵니다. 또한 잘 만들어진 다큐멘터리를 보듯이 사실적인 그림과 좋은 사진, 지도가 과거에 있었던 일들을 마치 눈앞에서 벌어진 일들처럼 보이게 만들어 주고 있습니다. 훌륭한 그림 한 장 한 장이 이 책을 만든 이탈리아의 학문 수준을 말해 주는 듯합니다. 이 책은 전쟁사보다는 사람들의 생활사에 초점을 맞추고 있어 옛 사람들의 생활 모습을 잘 보여 줍니다. 특히 각 나라마다 다른 삶을 살게 된 주요 원인인 생업, 종교 등에 대한 자세한 설명과 그림이 들어 있어 다른 책과의 차별성을 보여 주며, 이 책만이 가지는 큰 장점이라고 할 수 있습니다.

　또한 이 책은 '왜 그랬을까?' 라는 질문을 던지고, 각 지역의 역사가 다르게 전개된 이유를 설명해 주고 있습니다. 원시적인 삶을 산다고 해서 원시적인 삶을 살고 있는 사람들을 낮추어 보는 것이 아니라, 그들이 가진 장점을 보여 주고 그렇게 살아가게 된 이유도 설명해 주고 있습니다. 인류는 세계 곳곳에서 다른 생각, 다른 생업, 다른 삶의 방식을 갖고 다채로운 역사를 만들어 냈습니다. 거대한 건축물을 만들고 큰 영토를 가진 나라의 역사만 훌륭한 것이 아닙니다. 역사라는 학문은 인류의 다양한 삶의 모습을 배움으로써 인간을 알고자 하는 학문입니다. 이 책은 인류가 만들어 낸 다채로운 모습들을 잘 보여 주고 있습니다.

하지만 이탈리아의 원서에서 아쉬운 부분도 보였습니다. 동양 가운데 한국의 비중이 너무 작고 다소 잘못된 정보도 있었다는 점입니다. 또한 유교나 도교에 대한 설명이 없었고 불교에 대한 설명도 다소 미흡했습니다. 이러한 부분은 출판사와 상의하여 원고를 보충하거나 수정하였습니다. 균형 잡힌 시각으로 세계사를 서술하고자 했던 이탈리아 집필진들이 한국사까지 깊이 알지는 못한 듯합니다. 현재 우리나라는 세계적인 경제, 무역 강국이기는 하지만, 아직까지 일본, 중국, 인도에 비해 우리의 역사는 세계인들에게 많이 알려져 있지 않습니다. 우리 역사를 제대로 세계에 알리지 못한 점은 우리 스스로가 반성할 부분이라고 하겠습니다.

저는 한국 고대사 연구자이지만, 한국사 못지않게 세계사도 우리가 반드시 배워야 한다고 생각합니다. 세계사에 대한 지식 없이 우리 역사를 바로 볼 수는 없기 때문입니다. 우리 역사가 어떤 특징이 있고, 우리 조상들의 삶이 다른 나라 사람들의 삶과 어떻게 다른지를 알려면 세계사를 반드시 알아야 합니다.

전 세계인이 하나가 되어 교류하는 21세기에는 세계사가 점점 필수적인 지식이 되고 있습니다. 또한 세계사는 인류가 앞으로 어떻게 살아갈 것인가 하는 것을 알려 주는 지표로서의 역할을 할 것입니다. 따라서 세계사에 대한 올바른 시각을 갖게 해 줄 책을 읽는 것은 중요한 일입니다. 우리 어린이들이 세계화 시대에 세계인을 보다 잘 이해하기 위한 책으로 이 책을 추천하고자 합니다.

우리역사문화연구소 소장
김 용 만

이 책의 구성

이 책은 단순한 인물 중심의 전개나 유물과 유적 소개에서 벗어나 고대 문명을 일구어 낸 민족의 생생한 모습과 역사를 다각적이고 입체적으로 체험할 수 있도록 구성되었습니다. 대륙의 한 곳에 정착했다가 이동하기도 하면서 끊임없이 충돌하고 융화하며 빚어 낸 생생한 고대 인류의 모습이 지도 위에서 살아나도록 풍부한 그림과 사진으로 재현하였습니다.

또한 메소포타미아 문명, 이집트 문명, 황허 문명, 인더스 문명 등 4대 문명으로 도식화되어 버린 고대 문명사에서 탈피하여 서로 영향을 주고받았던 동일한 문명권을 중심으로 문명을 구분하였습니다. 따라서 근동아시아 문명, 유럽 문명, 동양 문명, 아메리카 문명, 아프리카 문명, 오세아니아 문명 등 6개 문명권으로 나누었습니다. 그동안 도외시되었던 고대 인류의 참모습과 그들의 발자취를 새롭게 탐구하는 기쁨을 느낄 수 있을 것입니다.

이 책은 다음과 같이 구성되었습니다. 이 책의 구성을 활용하면 원하는 지역의 문명사를 깊이 있고 총체적으로 파악할 수도 있고, 때로는 필요한 정보만 손쉽게 찾을 수도 있습니다.

1 각 문명권의 지도 보기

이 책에는 고대 문명사의 이해를 돕기 위해 문명권별로 생생한 두 개의 지도가 실려 있어요. 첫 번째 지도는 고대 역사와 지리의 이해를 돕기 위한 것이고, 두 번째 지도는 민족의 활동 지역을 표시한 것입니다. 또한 이 두 지도 사이에는 각 문명의 연대표를 실어 어떤 사건들이 있었는지 알 수 있도록 했습니다.

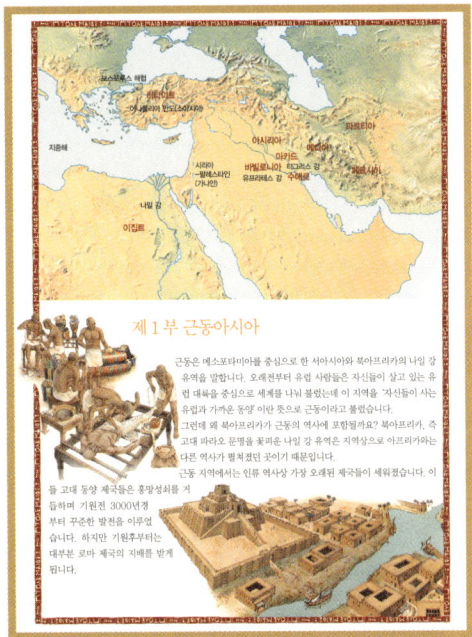

개관

▶ 각 부 첫 페이지에는 해당 문명의 고대사에 대한 포괄적인 해설과 함께 고대사의 중요한 시기를 알려 주는 지도가 첨부되어 있습니다. 책을 읽으면서 중요 역사적 사건을 지리적으로 확인하고 싶을 때 또는 국가별 이해 관계를 시각적으로 파악하고 싶을 때, 국가나 문명의 세력 범위를 알고 싶을 때 두루 활용하세요.

고대 문명 연대표

▶ 각 부의 두 번째 페이지에는 해당 문명의 중요한 사건들을 시대순으로 자세히 기록한 연대표를 수록하였습니다. 이 연대표에는 지도에 표시된 지역에서 일어난 역사, 정치, 경제, 종교와 관련된 고대사의 주요 사건들이 기록되어 있답니다. 또한 주변 민족들이나 다른 문명권과의 관계도 기록되어 있어요.

지도로 배워요

▶ 두 번째 지도는 각 문명을 꽃피운 고대 문명사의 주요 민족들을 표시한 것입니다. 지도에는 해당 민족의 활동 지역뿐만 아니라 그 민족을 대표하는 유물, 유적 등을 표시하여 민족에 대한 이해도를 높였어요. 지도 옆에는 민족의 주요 활약상과 흥망사를 소개하여 민족의 역사를 한눈에 파악할 수 있도록 했습니다.

2 그림 속 탐험 여행

해당 문명을 이해하는 데 기초가 되는 역사적 사실이나 문명의 핵심에 관해 자세히 설명한 부분입니다. 앞부분에 소개된 민족들의 주요 활동 사항과 경제, 생활, 정치 활동의 변화 등도 구체적으로 다루고 있어요. 고대사의 커다란 흐름과 특징을 이해할 수 있게 꾸며졌습니다.

그림 속 탐험 여행

▶ 앞부분에서 소개한 각 민족의 역사와 정치, 종교, 문화, 제도, 지리적·인문적 배경 등을 자세하고 알기 쉽게 설명한 부분입니다. 각 문명의 고대사를 이해하는 데 기초가 되는 내용들을 빠짐없이 다루고, 경제, 생활, 예술, 전쟁, 정치, 종교 등 주제별 인문사를 그림, 유적, 유물과 함께 파악하고 입체적으로 이해할 수 있게 꾸몄습니다.

▶ 박스 글에서 설명한 민족의 주요 활동을 경제, 생활, 예술, 전쟁 등의 주제별로 구분하여 살펴보는 부분입니다. 이해를 돕는 명료한 설명을 통해 역사적 특징을 한눈에 파악할 수 있습니다.

▶ 고대 민족의 활동상을 생생하고 입체적으로 볼 수 있도록 풍부한 그림과 사진을 통해 소개한 부분입니다. 주제에 따른 역사와 풍습이 생동감 있게 재현되었습니다.

차례

추천사 · 4
이 책의 구성 · 6

제1부 근동아시아 Il Vicino Oriente · 12

고대 근동 문명 연대표 · 13
지도로 배워요 근동아시아에는 어떤 민족들이 살았을까요? · 14
그림 속 탐험 여행 하천에 정착했어요 · 18
촌락에서 도시로 · 21
농부가 아닌 전문 직업인이 생겨났어요 · 24
파라오들의 이집트 · 27
헤브라이 인들의 종교 유산 · 31

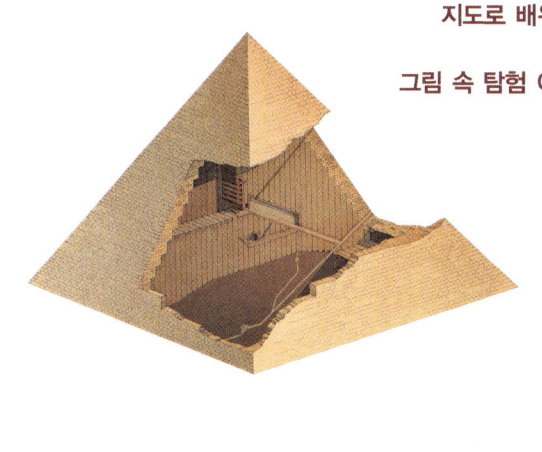

제2부 유럽 L'Europa · 38

고대 유럽 문명 연대표 · 39
지도로 배워요 고대 유럽 문명을 꽃피운 민족들은 누구일까요? · 40
그림 속 탐험 여행 지중해식 농업이 문명에 활기를 불어넣다 · 42
철의 사용과 지중해 문명 · 46
자연 현상에서 탄생한 고대 유럽의 신들 · 49
귀족과 노예가 생겨났어요 · 53
그리스에서 민주 정치가 발달하다 · 56
종교와 축제로 하나가 된 그리스 인 · 59
창과 방패를 들었던 용감한 시민들 · 64
로마 제국의 멸망 · 69

제3부 동양 L'Oriente · 72

고대 동양 문명 연대표 · 73

지도로 배워요 고대 동양 문명을 꽃피운 민족들은 누구일까요? · 74

그림 속 탐험 여행 위대한 문명의 젖줄 · 76

인더스 강에서 갠지스 강까지 · 79

계급에 대한 불만을 잠재운 힌두교 · 80

인도 왕국과 종교 정책 · 82

중국의 통일 왕조들 · 84

동아시아를 빛낸 불교 문화 · 88

두 문명 사이에서 꽃피운 아시아 문화 · 92

동아시아 대전 · 94

세계를 정복한 몽골 · 96

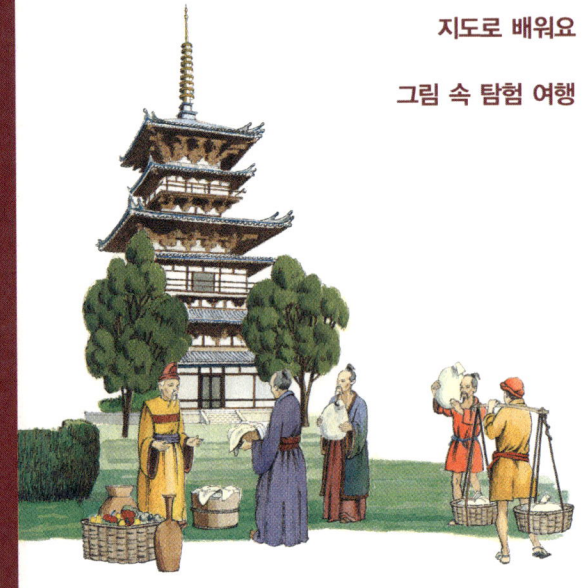

제4부 아메리카 Le Americhe · 100

고대 아메리카 문명 연대표 · 101

지도로 배워요 고대 아메리카 문명을 꽃피운 민족들은 누구일까요? · 102

그림 속 탐험 여행 고대 인류, 아메리카 대륙을 밟다 · 104

중앙아메리카에 꽃핀 문명 · 107

안데스 고원 위에 꽃핀 문명 · 112

터전을 잃어버린 북아메리카 원주민들 · 115

제5부 (1) 아프리카 L'Africa · 118

고대 아프리카 문명 연대표 · 119

지도로 배워요 고대 아프리카 문명을 꽃피운 민족들은
누구일까요? · 120

(2) 오스트레일리아와 태평양의 섬들
L'Australia e le isole del Pacifico · 122

고대 오세아니아 문명 연대표 · 123

지도로 배워요 고대 오스트레일리아 문명을 꽃피운 민족들은
누구일까요? · 124

그림 속 탐험 여행 인류의 기나긴 여행 · 126

사냥과 채집의 공동체 생활 · 128

아프리카의 농업 · 130

다양한 민족들이 이룩해 낸 아프리카의 역사 · 132

삶의 터전을 잃어버린 사람들 · 137

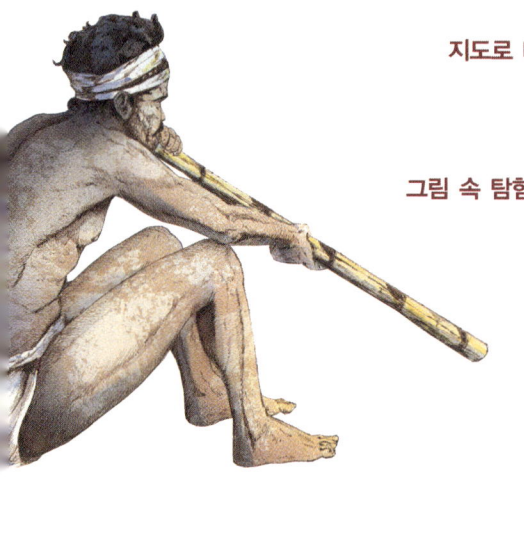

제1부 근동아시아

근동은 메소포타미아를 중심으로 한 서아시아와 북아프리카의 나일 강 유역을 말합니다. 오래전부터 유럽 사람들은 자신들이 살고 있는 유럽 대륙을 중심으로 세계를 나눠 불렀는데 이 지역을 '자신들이 사는 유럽과 가까운 동양'이란 뜻으로 근동이라고 불렀습니다.
그런데 왜 북아프리카가 근동의 역사에 포함될까요? 북아프리카, 즉 고대 파라오 문명을 꽃피운 나일 강 유역은 지역상으로 아프리카와 가까웠지만 전혀 다른 역사가 펼쳐졌던 곳이기 때문입니다.
근동 지역에서는 인류 역사상 가장 오래된 제국들이 세워졌습니다. 이들 고대 동양 제국들은 흥망성쇠를 거듭하며 기원전 3000년경부터 꾸준한 발전을 이루었습니다. 하지만 기원후부터는 대부분 로마 제국의 지배를 받게 되었습니다.

고대 근동 문명 연대표

기원전 7000~5000년	사냥과 채집 사회에서 농경 사회로 변화함.
기원전 6250~5400년	아나톨리아에 역사상 최초의 고대 촌락 차탈 회위크가 번성함.

기원전 6000년경	최초의 도심지 예리코가 탄생함.
기원전 3500년경	메소포타미아에서 '도시 혁명'이 이루어지고, 도시 국가 '우루크'가 번성함.
기원전 3000년경	이집트 상부와 하부가 통일을 이루고 고대 왕국이 시작됨. 메소포타미아 하부에서 수메르가 도시로 발전함.

기원전 2350~2300년	아카드의 사르곤 1세가 메소포타미아와 시리아 일부, 그리고 소아시아를 정복함.
기원전 2200년	이집트 제1 중간기 시작.
기원전 2040년	이집트 중왕국 성립.
기원전 1850년경	아나톨리아에 히타이트 왕국 성립.
기원전 1792년	함무라비가 바빌로니아의 왕좌에 올라 최초의 바빌로니아 제국을 건설함.
기원전 1785년	이집트 제2 중간기 시작.
기원전 1567년	약 150여 년 전, 이집트를 침략했던 힉소스 민족이 패배함. 이집트 신왕조 시대가 시작됨.
기원전 1546년	이집트의 파라오 아멘호테프 1세 즉위.
기원전 1379년	아멘호테프 4세가 태양신 아톤을 유일신으로 정함.
기원전 1304년	이집트의 파라오 람세스 2세 즉위.
기원전 1297년	이집트와 히타이트가 카데시 전투를 치름.
기원전 1290년	이집트에서 헤브라이 인들이 집단 탈출 이주함.
기원전 1200년경	'해양 민족'의 습격으로 히타이트 제국이 몰락함. 팔레스타인에 헤브라이 인이 정착함.
기원전 1184년	트로이가 그리스에게 멸망함.
기원전 990년	다윗 왕이 헤브라이의 팔레스타인을 통일함.
기원전 928년	헤브라이 국가가 이스라엘 왕국과 유다 왕국으로 분열됨.
기원전 814년	페니키아 인들이 카르타고를 건설함.
기원전 728년	아시리아 인들이 바빌로니아를 정복함.
기원전 625년	바빌로니아 인과 메디아 인들이 니네베를 정복함. 아시리아의 자치권이 상실됨.
기원전 586년	바빌로니아 왕 네부카드네자르 2세가 예루살렘을 정복함. 헤브라이 인들을 바빌로니아로 강제로 이주시킴.
기원전 539년	페르시아의 키루스 대왕이 바빌로니아 제국을 정복함.
기원전 525년	페르시아의 캄비세스 2세가 이집트를 정복함.
기원전 521년	페르시아의 다리우스 1세가 왕위에 올라 페르시아를 개혁하기 시작함.
기원전 331년	마케도니아의 알렉산드로스 대왕이 페르시아 제국을 정복함.
기원전 323년	알렉산드로스 대왕의 죽음으로 그의 제국이 분열됨.
기원전 164년	유다 마카베오가 예루살렘을 정복하고, 유태인들을 위한 사원을 다시 봉헌함.
기원전 146년	로마 인들이 카르타고를 정복함.
기원전 129년	로마가 소아시아의 페르가모 왕국을 정복함.
기원전 53년	파르티아 인들이 하란에서 로마의 크라수스 장군을 무찌름.
기원전 30년	로마가 이집트를 점령함.

지도로 배워요

근동아시아에는 어떤 민족들이 살았을까요?

해양 민족(해상 민족)
기원전 13세기 말부터 아나톨리아 반도 동부, 시리아, 팔레스타인, 키프로스, 이집트를 침략한 공격적인 지중해 연안의 해적을 말합니다. 결국 그들은 히타이트 제국을 멸망시키고, 시리아-팔레스타인 해안의 무역 중심지까지도 무너뜨렸습니다.

히타이트 민족
히타이트 민족은 기원전 2000년경 북부에서 보스포루스 해협을 건너 소아시아(아나톨리아 반도)로 이주해 온 인도-유럽 민족입니다. 당시 히타이트 인은 철로 만든 무기를 소유하고 있는 유리한 상황을 이용하여 수차례의 침략 전쟁에서 승리하며 근동아시아에 대제국을 건설했습니다. 이후 시리아-팔레스타인 지역까지 영토를 확장했고 급기야 이집트 왕국과 충돌하기에 이르렀습니다. 이집트 인과 벌인 카데시 전투(기원전 1297년)에서 패배한 것은 아니지만, 이 전투로 히타이트 제국의 영토 확장 계획은 중단되었습니다. 그리고 기원전 1190년, 해양 민족들의 반란으로 히타이트 제국은 붕괴되었습니다.

페니키아 민족
시리아-팔레스타인 해안에 정착해서 살던 가나안 인들이 남하하여 페니키아 민족을 이루고, 기원전 1200년경 무렵부터 번성하기 시작했습니다. 일부 학자들은 그들이 기원전 13세기부터 12세기까지 페르시아 만이나 홍해에서 유라시아의 거대 이민 집단과 함께 이주했을 것으로 추정하고 있습니다. 페니키아 민족은 기원전 700년경 지중해 연안에 여러 식민지를 세웠답니다.

해상 민족
어부들

이집트 민족
이시스와 오시리스

헤브라이 민족
법전을 들고 있는 성직자들

이집트 민족
이집트 민족은 나일 강 유역에 근거지를 두고 자신들만의 문명을 이룩한 북아프리카 민족입니다. 그들의 문명은 기원전 332년 알렉산드로스 대왕의 침입을 받기 전까지 거의 3000년 동안 유지되었습니다. 메소포타미아 지역에서 발생한 다른 문명들처럼 이집트 민족의 문명도 거대한 나일 강의 자원을 바탕으로 번성했답니다.

헤브라이 민족
헤브라이 민족은 유태인의 시조이자 유목 민족입니다. 헤브라이 민족은 기원전 18세기 무렵 메소포타미아에서 이집트로

히타이트 민족
청동상

페니키아 민족
페니키아 화물선

아모리 민족
아모리 왕조의 함무라비 왕

이주했습니다. 하지만 이집트에서 헤브라이 인은 이집트 왕국의 혹독한 중앙 집권적 경제 체제에 억눌려 살아야 했습니다. 기원전 13세기, 헤브라이 인은 팔레스타인을 하느님이 축복을 내린 '약속의 땅'이라 믿고 그곳으로 이주했습니다. 그리고 예루살렘을 수도로 정하고 왕국을 건설했습니다. 그러나 훗날 이 왕국은 이스라엘 왕국(기원전 8세기 아시리아에 패망)과 유다 왕국(기원전 586년 바빌로니아에 패망) 등 두 왕국으로 분열되었답니다.

아모리 민족

기원전 2000년경 초반, 유프라테스 강 서쪽에 정착한 셈족이 바로 아모리 민족이랍니다.

아모리 민족은 팔레스타인의 가나안 문명, 북메소포타미아의 아시리아 문명, 중부 메소포타미아의 해상 문명, 남메소포타미아의 바빌로니아 문명의 기초를 세웠답니다.

아시리아 민족

아시리아 민족은 수메르 문명과 바빌로니아 문명을 이어받은 셈 족으로, 기원전 1100년부터 기원전 612년까지 메소포타미아에 거대한 제국을 건설했습니다. 이들은 바빌로니아 민족(바빌로니아 민족은 이후 신바빌로니아를 건설함)과 아시리아의 마지막 수도였던 니네베를 공격한 메디아 민족을 무너뜨렸습니다.

메디아 민족

메디아 인은 이란(페르시아) 민족의 시조입니다. 기원전 9세기 무렵 아시리아의 지배를 받던 민족으로 짐작됩니다. 메디아 민족은 기원후 7세기에 이르러서야 독립을 이룹니다. 그리고 바빌로니아 민족과 함께 아시리아 제국을 무너뜨렸습니다.

파르티아 민족

파르티아 민족은 인도-유럽어족의 유목 민족입니다. 이 민족은 기원전 250년경, 아르사케스(파르티아 제국의 첫 통치자이며 창시자)가 자신의 이름을 딴 아르사크 왕조를 건설하면서 세상에 알려졌습니다. 아르사크 왕조는 기원후 224년까지 거의 5세기 동안 이어졌습니다. 아르사크 왕조의 통치가 끝나던 해, 엄청난 권력을 거머쥔 사산 왕조가 두 번째 페르시아 제국을 건설했습니다.

바빌로니아 민족

기원전 2000년대 초반, 아모리 유목 민족이 건설한 도시 바빌론은 함무라비 왕(기원전 1792년~기원전 1750년)의 통치 아래 엄청난 권세를 누렸습니다. 함무라비 왕 덕분에 바빌로니아 제국은 메디아 지역과 남메소포타미아의 수메르 문명을 계승할 수 있었어요. 함무라비 왕이 더욱 유명해진 까닭은 바로 '함무라비 법전'을 편찬했기 때문이랍니다.

페르시아 민족

페르시아 민족은 메디아 민족과 같은 인도-유럽어족에 속하는 민족입니다. 이들은 오랜 세월 외세의 지배를 받았습니다. 그러나 기원전 546년, 키루스 대왕의 활약으로 마침내 자유를 얻게 되었습니다. 캄비세스(기원전 529년~기원전 522년)와 다리우스(기원전 522년~기원전 486년) 왕가의 통치 아래 페르시아는 아나톨리아 반도를 정복했습니다. 그리고 신바빌로니아 제국을 무찔렀고, 현재의 우즈베키스탄과 투르크메니스탄까지 차지했습니다. 좀 더 세월이 흐른 후에는 이집트와 발칸 반도 유역까지 영토를 확장해 거대 제국으로 성장했습니다. 그러나 기원전 331년 알렉산드로스 대왕의 침략을 받아 무너지고 말았답니다.

메디아 민족 메디아 귀족

아카드 민족 아카드 제국의 사[...]

아시리아 민족 아시리아의 전사

바빌로니아 민족 지구라트

파르티아 민족

수메르 민족
수메르 황소의 머리

페르시아 민족
키루스 페르시아 황제

수메르 민족

중앙아시아에서 이주해 온 것으로 추정되는 수메르 민족은 기원전 5000년 즈음에 메소포타미아 남부에 정착했습니다. 그들은 인류 역사상 최초의 문명을 발생시킨 민족으로 여겨지고 있습니다. 왜냐하면 이미 문자를 사용하고 있었기 때문입니다. 또한 천문학과 과학 분야에서 중요한 몇 가지 개념을 세웠습니다. 그뿐만 아니라 금속을 잘 다루었고 도시, 도로, 운하도 건설했습니다.

아카드 민족

고대 수메르 문명이 최고로 번성했던 시기, 북쪽에서 이주한 유목 민족이 메소포타미아 중부에 정착하여 아카드라는 도시를 건설했습니다. 기원전 2330년 무렵, 아카드의 사르곤 1세는 수메르 지역을 정복해 메소포타미아 최초의 '통일 국가'를 건설했습니다.

그림 속 탐험 여행

하천에 정착했어요

기원전 4000년 전, 일부 지역은 농업이 급속도로 발전했습니다. 이는 거대한 강이 주기적으로 범람해서 토양이 비옥해졌기 때문입니다.

그 지역들은 지금의 이라크에 해당하는 티그리스 강과 유프라테스 강 사이에 있는 '강과 강 사이의 땅' 메소포타미아와 위대한 이집트 문명을 꽃피운 아프리카 북동부의 나일 계곡이었습니다.

예전에 유목 생활을 하던 인류는 이 두 하천을 중심으로 정착하고 농사를 짓기 시작했습니다. 그리고 강의 범람을 이용한 하천 농업 덕분에 두 지역에서는 점점 더 많은 식량을 거둘 수 있게 되었습니다.

시간이 지나면서 농지 정리나 농수 관리, 조절 등을 하기 위해 많은 인력을 조직적으로 관리하는 제도가 만들어졌고 그 제도는 점점 더 정비되었습니다.

관개 농업 기술이 발전하면서 인간의 노동력은 그만큼 덜 쓰이게 되었고 그 대신 인류는 사회적, 정치적으로 조직을 이루어야 했습니다. 이런 변화로 인해 농부들이 자유롭게 농사일을 하며 살던 촌락 중심의 생활은 사라져 갔습니다.

그리고 도시가 탄생되기 시작했습니다.

메소포타미아의 농사짓는 모습
네 마리에서 여섯 마리 정도의 소가 끄는 쟁기를 이용해서 긴 밭에 수백 미터나 되는 긴 고랑을 팝니다. 쟁기에는 깔때기처럼 생긴 것이 달려 있어서 소가 쟁기를 끌고 가면서 밭을 갈 때 고랑에다 씨앗을 뿌릴 수 있었습니다.

경제

고대 하천 농사, 어떻게 지었을까요?

나일 강, 티그리스 강, 유프라테스 강 등 거대한 강들은 주기적으로 범람했어요. 이러한 범람은 재앙이 아닌 축복이었답니다.

강물이 범람할 때는 토사나 유기 물질처럼 토양을 비옥하게 해 주는 물질들도 함께 하천으로 유입되었습니다. 이로써 하천 주변에는 농사짓기에 아주 좋은 땅이 만들어졌습니다.

메소포타미아 하류의 충적지
메소포타미아 지역에서는 관개 농업이 두 가지 방식으로 행해졌습니다. 하나는 저수지식이고, 다른 하나는 고랑식이었지요. 저수지식은 작고 평평한 밭으로 물을 얕게 대는 것입니다. 고랑식은 강줄기와 연결된 긴 밭에서 이뤄지는 방식이에요. 수로보다 고랑을 약간 낮게 파서 그곳으로 물이 흘러 들어가게 하는 것이지요.

이집트의 세 계절

이집트에서는 나일 강이 범람하는 시기를 기준으로 세 계절로 나눕니다. 한 계절은 4개월 동안 지속되지요. 첫 번째 계절은 범람기인 아크헤트, 두 번째 계절은 한 해 가운데 강물이 가장 적은 때로 파종기인 페레트, 세 번째 계절은 땅이 마르는 건조기인 셰무입니다.

아크헤트
범람기. 7월 중순부터 9월 중순까지로 강물이 범람해서 농사일을 할 수 없는 시기입니다.

페레트
파종기. 11월 중순부터 3월 중순까지로 씨앗을 뿌리는 시기입니다.

셰무
건조기. 3월 중순부터 7월 중순까지로 수확을 하는 시기입니다.

이집트 인의 수로 공사

이집트 사람들은 홍수가 끝나면 제방의 틈 사이를 흙으로 메우는 일부터 했습니다. 수세기에 걸쳐 만들어진 자연 제방에는 틈이 있어서 그 사이로 물이 새기 시작하면 제방이 터질 위험이 있었기 때문입니다. 그런 다음 논밭에 고인 물을 나일 강으로 빼기 위해 물길을 만들었습니다. 물길을 만들기 쉽지 않은 곳은 일일이 사람들이 물통으로 물을 퍼서 나일 강에 버려야 했습니다. 그러니 이때야말로 이집트 사람들에게 있어 가장 바쁜 시기였을 것입니다.

나일로미터
나일 강이 범람했을 때 그 물이 긴 통로를 통해 웅덩이 안으로 들어가도록 해서 수위를 측정하는 강물 측정계입니다. 벽면에 표시해 둔 눈금이나 등급으로 측정한답니다.

수로
강물이 범람하는 것을 막고 홍수로 인한 피해를 줄이기 위해 둑과 제방을 만들었습니다. 그리고 수로를 연결해 먼 곳까지 농업용수를 공급했어요.

그림 속 탐험 여행

촌락에서 도시로

기원전 4000년대 중반, 인류 역사상 최초의 도시인 '우루크'가 탄생하였습니다. 이후 메소포타미아 남부에서 도시의 탄생은 계속되었습니다. 그 결과 기원전 3000년대 초에 이르러 메소포타미아에는 그 어떤 지역들보다 많은 수의 시민들이 살게 되었습니다.

그런데 이렇게 많은 사람들이 모여 살았다면 식량난을 겪지 않았을까요? 당시 농작물 생산량이 엄청나게 증가해서 이런 걱정은 없었던 걸로 추정됩니다.

도시의 탄생은 인구 수의 엄청난 증가로 이어졌습니다. 그렇게 되자 그 많은 인구를 조직적으로 관리할 사람이 필요해졌습니다. 이 임무를 맡은 사람은 그 대신 농사일을 하지 않아도 되었습니다. 또한 농작물의 생산량이 많은 사람도 직접 땅을 일구지 않아도 되었습니다. 이렇게 농사일을 하지 않는 사람들은 '특수 계층'으로 분류되었습니다.

이들은 농부들의 노동력을 조직적으로 관리하는 일을 했습니다. 그리고 필요 이상의 농작물이 생산되면 이를 거둬들여서 재분배하는 일도 담당했습니다. 당시에 농부들이 모여 사는 촌락의 집은 모두 똑같은 모양을 하고 있었습니다. 하지만 이 특수 계층의 사람들은 집의 크기나 모양을 자유롭게 지을 수 있었습니다.

그럼 도시는 어떤 모습이었을까요? 촌락보다 규모가 큰 도시의 한가운데에는 신전을 지었습니다. 신전 주변으로 인구가 집중되면서 건물들이 들어섰습니다. 신전은 다른 건물보다 훨씬 높게 건축되었는데, 여기에는 그만한 이유가 있습니다.

원래 신전을 중심으로 한 도시가 발전하기 전 모든 땅은 농가의 소유였습니다. 농부들이 자신의 땅을 직접 일구며 살았습니다. 그들은 신에게 제물을 바치며 자신들을 보살펴 달라고 기원했습니다. 그만큼 신전은 많은 부를 쌓을 수 있었습니다. 그러다 도시화가 진행되면서 농부들의 땅은 대부분 신전의 소유로 넘어갔습니다. 결국 신전은 권력의 중심이 되었고 더욱 거대해졌습니다.

이후 새로운 권력 형태인 왕이 등장했고, 토지 소유권도 왕과 왕궁에게 넘어갔답니다.

고대 도시 국가 우루크의 유적지

우루크에서 출토된 왕실 관료의 석상

생활

촌락의 생활 모습과 도시의 생활 모습은 어떻게 다를까요?

기원전 3500년부터 기원전 3200년까지 메소포타미아의 남부 지역은 최고의 전성기를 누렸습니다. 농업 기술과 장거리 운송 수단 등이 발전하고 신전 주변에 인구가 집중되면서 도시가 생겨났기 때문입니다. 일부 지역에서는 부유한 사람들이 자리를 잡고 부락과 농경지들을 지배했습니다.

촌락 생활

사람들은 점토를 구워 만든 벽돌과 나무 말뚝으로 집을 짓고 옹기종기 모여 살았습니다. 이 시대에는 길이나 도로가 따로 없었기 때문에 주로 지붕을 넘어 다녀야 했어요. 같은 부락에 속하는 집 모양은 모두 똑같았답니다.

고대 촌락 차탈 회위크의 모습

역사상 가장 오래된 촌락에 속합니다. 아나톨리아 반도에 있으며, 고대 촌락 중 가장 많은 연구가 이루어진 촌락입니다.
기원전 6000년 무렵, 약 15헥타르에 이르는 넓은 땅에서 5,000명 정도의 주민들이 살았다고 합니다.

도시 국가 '우르'의 모습

촌락이었던 우르는 온전한 도시로 성장하지 못했어요. 왜냐하면 작물을 수확하고 분배하는 일을 제대로 하지 못했기 때문이에요. 현재 이라크 남부에 속하는 우르는 기원전 2500년에 그 규모가 약 55헥타르에 이르렀답니다.

항구와 도시 계획

도시들은 강과 연결되어 있었습니다. 강은 운송과 외교를 위한 통로였지요. 도심의 도로와 광장은 규모가 작은 편이었어요. 거주지의 집들은 저마다 정원을 갖추고 있었답니다.

도시의 중심에 서 있는 신전 지구라트

지구라트는 신전이자 성채이면서 또한 상점이었습니다. 많은 사람들이 신전에 공물을 바치다 보니 자연스럽게 곡식 창고가 되었고 그 곡식들은 다시 시민들에게 팔려 나갔습니다. 점차 신전은 성지의 역할뿐만 아니라 경제적인 구심점 역할까지 하게 되었습니다.

그림 속 탐험 여행

농부가 아닌 전문 직업인이 생겨났어요

고랑식 농업은 수많은 고랑에 물을 대서 농사를 짓는 방법입니다. 이 고랑을 파기 위해 엄청난 인력이 동원되었답니다. 그러다 보니 일하는 사람들을 지도할 계급도 생겨났습니다.

이 지도층 계급은 농민 한 사람의 생계에 필요한 식량을 정하고 배분하는 역할을 했습니다. 또한 남은 생산물을 어떻게 활용할지 결정하는 일도 했습니다.

생산량이 급속히 늘어나자 농사를 짓기 위한 더 많은 금속 농기구와 남은 농작물을 지키기 위한 무기가 필요해졌습니다. 사람들은 금속 농기구와 무기를 만들 원료를 구해야 했는데 이 원료들은 먼 곳에 있었습니다. 요즘처럼 운송 수단이 발달한 때가 아니었기 때문에 무척 힘든 일이었습니다.

원료 구입은 물물 교환 방식으로 이루어졌는데, 이로 인해 먼 곳까지 농작물을 운반하고 원료를 구입하는 일을 담당하는 중개상이 생겨났습니다. 또 다른 중개상도 생겨났습니다. 바로 앞장에서 설명한, 신전이나 궁전에 물건을 조달하는 중개업자입니다.

안타깝게도 도시민들 대부분은 노예처럼 고단한 농사일을 해야 했어요. 시간이 흐르면서 신전의 권력은 더욱 커져 갔고 신전에 소속되지 않은 농부들도 신전 소유의 농작지에서 의무적으로 일을 해야 했습니다. 농사일이 비교적 적은 시기에는 모두 수로 관리 작업이나 도시의 건축 공사에 매달려야 했습니다. 당시 신전이나 성벽과 같은 건축물들은 모두 사람들이 직접 흙으로 빚어 만든 벽돌로 지었습니다.

생활

이집트 농민과 관리의 삶 엿보기

이집트의 도시민들 대부분은 농사일에 전념했습니다. 하지만 물과 관련된 일도 해야 했습니다. 수로와 웅덩이에서 불필요한 돌들을 치우고 제방도 튼튼하게 수리했습니다. 그들은 하루도 쉴 틈이 없었답니다.

사냥과 낚시

강물이 범람하는 시기인 아크헤트에는 농사일이 중단되었습니다. 이때 농부들은 가축들을 안전한 장소로 옮기고 하마나 족제비처럼 생긴 몽구스, 새를 사냥했어요. 낚시를 하기도 했지요. 사냥한 짐승은 소금에 절여서 저장하고, 물고기는 말려서 저장했습니다.

경작과 파종

범람했던 강물이 빠지는 시기인 페레트가 되면 곧장 파종과 경작을 시작해야 했습니다. 그러지 않으면 물에 잠겨 있던 진흙이 금방 굳어서 땅이 단단해져 버리기 때문입니다.

농기구로는 쟁기와 괭이가 쓰였습니다. 쟁기는 나무로 만든 농기구인데 삽처럼 생겼습니다. 농부들은 두 마리의 황소에 쟁기를 걸어 끌게 해서 땅을 경작했답니다. 괭이는 나무로 만든 'ㄱ'자 모양의 농기구로 주로 고랑을 파는 일에 쓰였습니다. 농부들은 물을 댄 땅에 씨앗을 흩뿌린 다음 그 위로 염소, 돼지, 황소가 지나가게 했습니다. 그렇게 하면 씨앗을 간단히 흙 속에 파묻을 수 있었기 때문입니다.

수확

여자들은 땅에 떨어진 이삭을 커다란 바구니에 주워 담아 타작할 곳으로 옮길 준비를 했습니다. 밀이 다 자라면 무릎 정도의 높이로 베어서 타작할 곳으로 옮겼습니다. 그리고 황소와 당나귀가 밟도록 해서 밀 알갱이가 빠져나오게 했습니다. 수확이 다 끝나면 황소, 오리, 거위를 밭으로 내보내서 풀을 뜯어 먹게 했습니다.

파피루스* 수확

사람들은 늪지에서 직접 파피루스를 꺾었습니다. 그러고 나서 물에 잠겨 있던 줄기 부분을 실처럼 세로로 길게 벗겨 내 평평하게 펼쳐 놓고 건조시켜 종이를 만들었어요. 파피루스 자체에 접착 성분이 함유되어 있어서 단단한 파피루스 종이가 된답니다.

*파피루스 : 사초과의 여러해살이풀로서 나일 강, 팔레스타인, 이집트 등지에 분포합니다.

기원전 2500년경 사카라 지역에 살았던 지주의 무덤에서 발견된 석고화

관리들이 경지를 측량하는 모습이 담겨 있는 무덤 벽화
농민의 모습이 관리의 모습에 비해 작게 그려져 있어 관리의 권력이 그만큼 컸음을 짐작할 수 있습니다.

이집트 관리의 조각상
처음에는 부족의 존경을 받는 현명하고 힘센 인물이 지도자가 되어 제사장 역할을 함께 맡기도 했습니다. 하지만 점차 이들의 세력은 막강해졌습니다.

관리들의 일

관리들은 정기적으로 강이나 운하에서 멀지 않은 촌락을 방문했습니다. 그곳에서 수확량을 장부에 기록하고 주민 수를 조사했습니다. 정해진 수확량을 거두지 못한 사람은 벌을 받았습니다. 또한 농사를 짓지 않는 아크헤트에는 농민들과 젊은이들을 동원해 배 만드는 일을 시켰습니다.

 그림 속 탐험 여행

파라오들의 이집트

기원전 3000년경부터 나일 계곡의 이집트 문명은 정치 조직과 종교 조직을 융합하는 수준에 이르렀습니다. 석조 건물을 보면 그러한 사실을 잘 알 수 있습니다.

이집트 사람들은 건물을 지을 때 필요한 여러 재료들을 자유자재로 다루었습니다. 하지만 나일 계곡과 멀리 떨어진 동굴 등에서 그 재료들을 채굴해 와야 했습니다.

고왕국 시기의 피라미드와 신왕국 시기의 신전들은 나일 강물이 범람해서 논밭이 잠기는 때에 지어진 것들입니다.

이집트의 파라오들이 만든 사회는 거의 3000년 동안 변함없이 유지되었습니다. 이는 정치적 사회적 질서가 엄격했기 때문입니다. 파라오는 태양신 '라(Ra)'의 아들로서 신처럼 숭배되었습니다. 그리고 인간과 신의 세계를 연결시켜 주는 인물로 여겨졌습니다.

파라오 외에 절대적인 세습 체제였던 왕가에 속한 계급으로는 최고 관직인 와지르, 장관, 공무원 등이 있었습니다.

신왕국 시대에 이집트 인구는 약 500만 명에 이르렀습니다. 그들은 모두 고된 농사일을 하면서 살았습니다.

태양신 라

이집트는 노예 수가 아주 적었기 때문에 시민들이 일을 해야 했답니다. 다시 말해 이집트의 경제 구조는 시민들의 노동력을 바탕으로 삼고 있었어요. 이러한 구조는 메소포타미아 지역도 마찬가지입니다. 하지만 다음 장에서 만날 다른 지역의 문명과는 아주 다른 점입니다.

이집트 사회는 시민 공동체의 노동력으로 유지되었습니다. 시민 공동체는 파라오와 성직자 혹은 신전과 도시 국가의 왕을 위해 일해야 했습니다. 시간이 좀 더 흐른 후에는 메소포타미아 제국과 소아시아 제국 같은 다른 제국을 위해 일해야 했습니다. 고대 근동아시아 제국들의 '자유' 농민은 로마의 노예들과 크게 다를 바가 없었던 것입니다.

이집트에는 전쟁이 없었기 때문에 패전국의 포로를 노예로 만들 일도 없었습니다. 또한 노예라는 신분이 만들어질 만한 기본 조건이나 노예 제도도 갖추어져 있지 않았습니다.

따라서 이집트는 국가가 토지를 소유하고 시민들에게 강제 노동을 시켰던 것입니다. 또한 이집트는 사막으로 둘러싸여 있어서 오랜 세월 외세의 침략을 받을 염려가 없었습니다. 남쪽으로 누비아를 점령하고 동쪽으로는 팔레스타인에 강력한 영향력을 행사했을 뿐, 그 외의 영토를 확장하려는 큰 욕심도 없었답니다.

이집트가 외세의 침략을 받게 된 것도 기원전 1000년경부터였습니다. 그리고 기원전 332년, 마케도니아의 알렉산드로스 대왕에게 정복당했습니다.

이집트의 건축물, 호루스 사원의 입구

종교

이집트 인들의 독특한 장례 의식 엿보기

고왕국 시기부터 이집트는 종교적인 장례 의식과 조상 숭배를 아주 중요하게 여겼습니다. 이집트 사람들은 죽음이란 육체에서 '카(Ka)'라고 하는 영혼이 분리되는 것이라고 생각했습니다. 그래서 이집트의 종교와 문화에는 모두 사후 세계의 삶에 대한 믿음이 표현되어 있습니다.

그러나 처음부터 모든 사람이 사후 세계의 삶을 누릴 수 있다고 생각하지는 않았습니다. 고대 세계에서 사후 세계의 삶은 오직 파라오만 누릴 수 있는 특권이었습니다. 그렇지만 좀 더 시간이 흐른 뒤에는 무덤에 묻히는 사람들 모두가 사후 세계의 삶을 누릴 수 있다고 믿게 되었습니다.

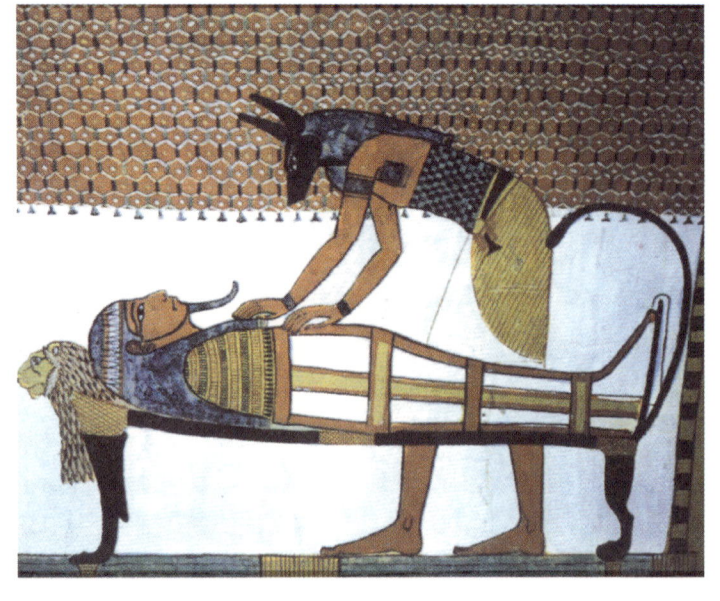

센네젬의 무덤 벽화 중 진실의 왕궁 하인
(기원전 1500~1000년, 델 엘 메디나 소재)

사후 세계의 신 '아누비스'

이집트 사람들이 믿었던 사후 세계의 신은 '아누비스'였습니다. 아누비스는 종종 벽화에서 자칼의 머리를 한 남자의 모습으로 묘사되곤 합니다. 위 벽화에서는 아누비스가 미라가 된 시신을 관리하고 있습니다.

이집트 사람들은 미라를 어떻게 만들었을까요?

이집트 사람들은 '카(영혼)'는 썩지도 사라지지도 않고 영원히 살 수 있다고 믿었습니다. 그래서 '카'가 잠시 들렀다 갈 수 있도록 미라, 관, 무덤을 만들게 되었어요.

미라 만들기는 지금의 생각으로는 끔찍한 작업이라고 느껴집니다. 먼저 죽은 시신에서 내장을 모두 빼내고 그곳에 방부제와 향료를 채워 넣었습니다. 이후 시신을 소다수나 소금물에 70일간 재워 둡니다. 70일이 지나면 시신을 하얀 리넨(아마천)으로 감싼 후 송진, 기름, 향료를 발라 미라를 만들었답니다. 빼낸 내장들은 사람이나 동물 모양 뚜껑의 항아리에 담았습니다.

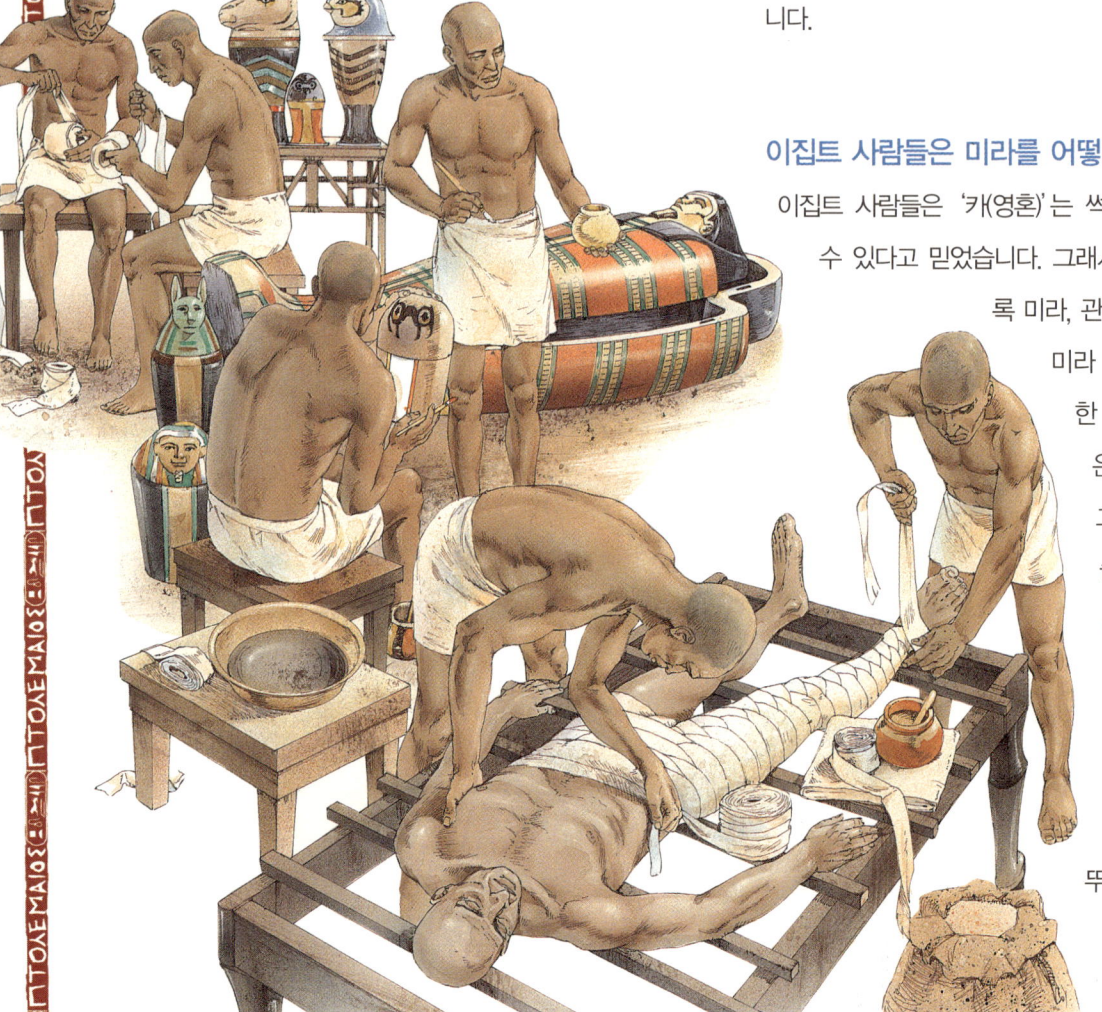

종교

파라오들의 무덤 피라미드

기원전 2000년 중반 무렵, 이전의 계단식 피라미드에서 동서남북을 가리키는 네 개의 꼭짓점을 기준으로 삼각형 면을 한 곳에 이어 모은 형태의 대피라미드가 만들어졌습니다. 당시 이집트 사람들은 태양신 '라'를 숭배했는데, 피라미드는 이런 태양 숭배 사상을 바탕으로 만들어진 것이랍니다.

기자의 피라미드
카이로의 나일 강 부근에는 어마어마한 크기의 피라미드들이 모여 있습니다. 그중에는 쿠푸, 카프레, 멘카우레 왕의 피라미드도 있습니다. 또한 머리는 사람이고 몸은 사자인 신비로운 스핑크스가 쿠푸 왕의 피라미드를 지키고 있답니다.

쿠푸 왕 피라미드의 영안실은 세 개?
❶ 가장 큰 통로로 연결된 위층에는 파라오의 석관이 안치되어 있습니다. ❷ 이 복도는 중앙에 위치한 여왕의 방과 연결되어 있습니다. ❸ 아래층에 있는 방으로 내려가는 계단입니다.

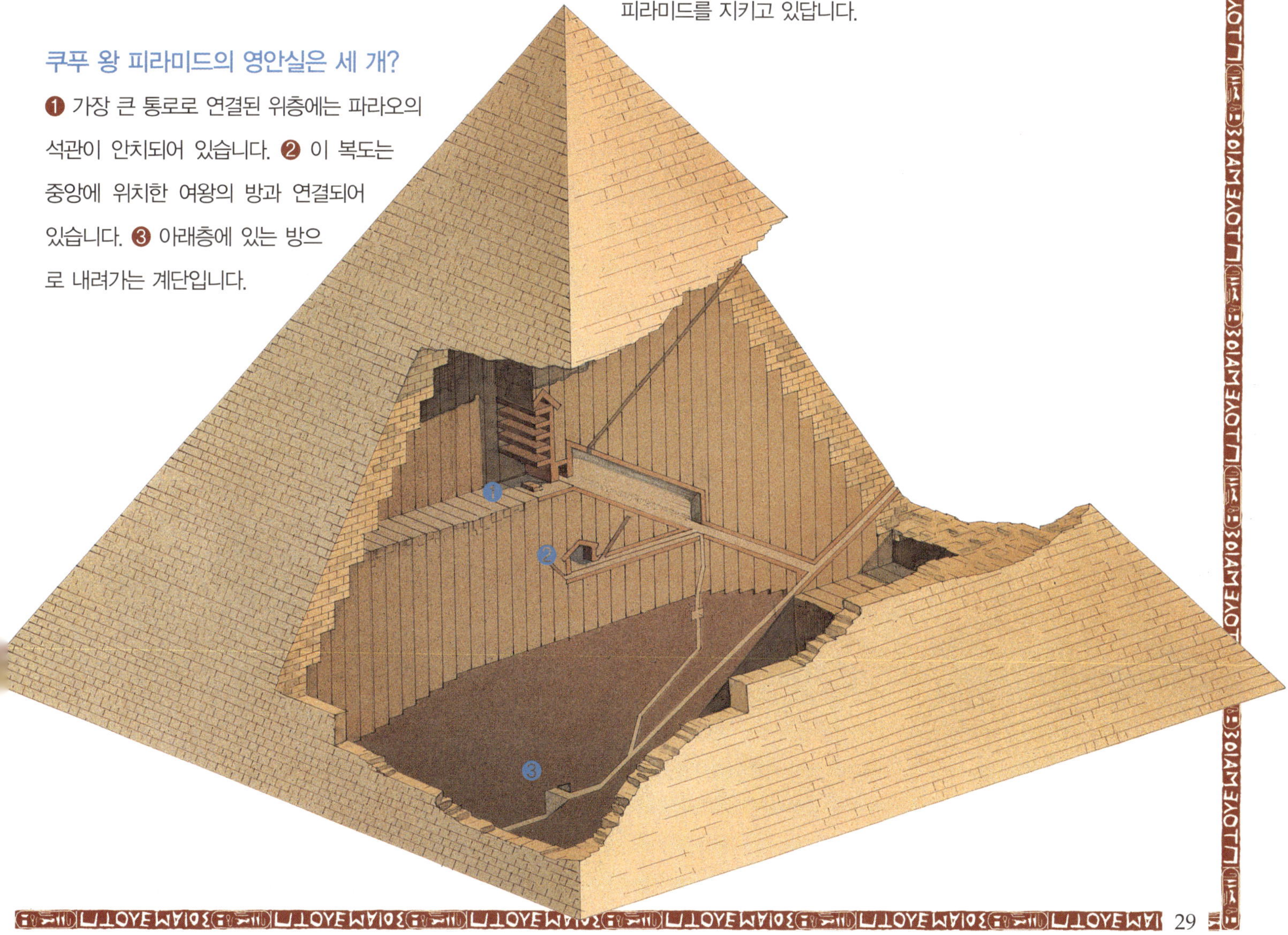

종교

이집트의 신들을 만나요

고대 사람들은 수많은 신들이 존재한다고 믿고 그들을 숭배했습니다. 이집트의 도시에서는 다양한 방법으로 이 신들의 지위를 연구했습니다. 더 나아가 저마다 신들의 족보도 만들었습니다. 신의 도시 헬리오폴리스에서는 신학 이론에 따라 구분된 아홉 신들의 집단인 엔네아드를 숭배했습니다.

아툼
이집트 고왕국 때부터 우주를 창조한 신으로 숭배되었습니다. 우주의 신이자 왕국의 신이라는 의미에서 이중으로 된 왕관을 쓰고 있습니다.

테프누트
아툼의 침으로 만들어진, 습기의 여신입니다.

슈
아툼의 '숨(호흡)'으로 만들어진, 대기와 태양빛의 신입니다.

누트
별이 빛나는 하늘의 신으로, 몸으로 오빠이자 남편인 게브를 감싸고 있습니다.

게브
땅의 신 게브는 누트의 남편입니다. 둘 사이에서 태어난 네 명의 자식들이 둘씩 짝을 지어 부부가 되었습니다.

이시스와 오시리스
이집트 신화에서 가장 유명한 주인공 커플입니다.

네프티스와 세트
상상 속 동물의 머리를 한 세트는 네프티스의 남편으로 오시리스의 경쟁자입니다.

그림 속 탐험 여행

헤브라이 인들의 종교 유산

고고학자들이 레바논과 팔레스타인 해안 지역의 유적을 발견하기 전까지 사람들은 그곳이 미개한 지역이었다고 생각했습니다.

하지만 현재의 시리아에 자리하고 있는 고대 도시 에블라에서 유적이 발견되면서 그곳이 기원전 3000년부터 기원전 2000년까지 문명을 꽃피운 발달된 도시였다는 사실이 밝혀졌습니다.

예리코 역시 인류 역사상 가장 오래된 도시로 손꼽히고 있습니다. 그곳은 현재의 예루살렘과 멀지 않은 곳으로서, 장대한 벽으로 둘러싸여 있습니다.

시리아-팔레스타인 지역은 당시에는 '가나안'이라는 이름으로 불렸는데, 거대한 동양 제국들과 인접해 있었습니다. 가나안에는 다양한 종교와 도시가 생겨났고 상업 활동이 활발했습니다. 또한 알파벳이라는 혁신적인 문자가 발명되었답니다.

유목 민족이었던 헤브라이 인들은 가나안을 하느님이 약속한 축복의 땅이라고 믿었습니다. 그리고 헤브라이즘이 다른 어떤 종교보다 높은 종교라고 생각했답니다. 최고의 유일신인 하느님이 그렇게 예언하셨다고 믿었기 때문이었죠.

기원전 586년, 바빌로니아 인들은 유다 왕국의 예루살렘 신전을 무너뜨리고 헤브라이 인들을 바빌로니아로 끌고 갔습니다. 그때 헤브라이 인들은 '토라'라는 문서를 가지고 갔습니다. 토라는 구약 성경의 첫 다섯 편으로 창세기, 출애굽기, 레위기, 민수기, 신명기를 말합니다. 토라에는 신성한 가르침과 계율이 적혀 있습니다.

바빌로니아로 끌려간 헤브라이 인들은 오랫동안 그곳에서 살았습니다. 그러다 기원전 538년, 바빌로니아 왕으로 등극한 키루스의 석방 명령에 따라 팔레스타인으로 되돌아갔습니다.

이들 헤브라이 인들이 남긴 가장 큰 유산은 지금까지도 전승되고 있습니다. 바로 유대교와 그리스도교로 말이죠.

전쟁

근동 지역의 전쟁과 제국의 흥망성쇠

고대 메소포타미아에는 다른 민족들이 이주해 와 정착하는 일이 잦았습니다. 메소포타미아 지역이 외부 지역과 지형적으로 연결되어 있기 때문입니다. 다른 민족이 이주해 오면 그 지역에 정착해서 살고 있던 민족과 마찰이 생길 수밖에 없습니다. 그 해결책은 바로 전쟁이었습니다.

아카드

수메르의 도시 국가 시대 이후로 처음 제국을 세운 것은 아카드 인이었습니다. 기원전 3000년 후반에는 북부 지역에서 이주한 셈 족 혈통인 아카드 인들이 수메르에서 세력을 떨쳤는데, 이는 청동 무기 덕분이었습니다. 이후 수메르에는 바빌로니아, 아시리아 제국이 공격해 왔습니다.

아카드의 사르곤 1세
기록에 의하면 사르곤 1세는 수메르의 여러 도시를 정복하고 우루크 왕을 비롯한 50명의 통치자를 생포했다고 합니다.

바빌로니아

기원전 1763년 함무라비 왕이 이끄는 대군에 의해 수메르의 도시 국가 라르사가 붕괴되었습니다. 새로운 통치자는 수메르와 아카드의 왕국에 바빌로니아라는 새 이름을 붙였습니다. 함무라비 왕이 만든 법전은 그가 통치하는 모든 왕국에 하나의 법으로 통용되었습니다. 그러나 기원전 700년대, 티그리스 강 상류에서 아시리아 인들이 쳐들어와 기원전 689년 바빌로니아 왕국은 붕괴되었습니다.

함무라비 법전
1901년 프랑스 사람들이 발견한 이 돌기둥에는 쐐기 문자로 법전이 새겨져 있습니다. 이보다 앞서 수메르-아카드 인들도 법률을 가지고 있었지만 글로 정리한 세계 최초의 법전이라는 데에 의미가 있습니다.

아시리아

마침내 기원전 1100년 무렵, 아시리아 인들이 티그리스 강 유역을 점령해서 서쪽의 이집트와 동쪽의 엘람을 아우르는 광활한 제국을 세웠습니다. 전쟁을 통해 곳곳을 평정했던 이들은 활과 전차를 사용했고, 보병대의 수도 군부대 하나를 만들 수 있을 만큼 많았답니다. 기원전 8세기에는 정복한 국가의 사람들도 군대에 징발했기 때문에 그 수는 헤아릴 수 없을 정도로 많아졌습니다.

히타이트

시리아-팔레스타인 지역은 메소포타미아와 이집트 사이에 자리한 전략적 요충지였습니다. 그래서 가까운 곳에 국경을 두고 있는 강한 제국들이 그곳을 호시탐탐 노렸습니다. 히타이트 민족 역시 그곳에 눈독을 들였습니다. 히타이트 인들은 인도-유럽 어족의 한 갈래로 고대 유럽과 아시아 문화를 형성하는 데 중요한 역할을 한 민족입니다.

히타이트 인들은 기원전 3000년대 말에 아나톨리아를 침입했고, 전차를 동원한 월등한 군대를 앞세워 세력을 확장했습니다. 하지만 기원전 13세기, 이집트와 벌였던 고대 역사상 가장 치열한 전투로 손꼽히는 카데시 전투(기원전 1297년)로 인해 영토 확장 계획은 중단되고 말았습니다.

신바빌로니아와 메디아

서아시아에서는 기원전 1000년대에 처음으로 치열한 전투가 벌어졌습니다. 기원전 612년, 강력한 방어력을 갖춘 신바빌로니아와 이란 서부에서 진출한 메디아가 아시리아 제국과 벌인 전쟁이 바로 그것이었죠. 이 전쟁에서 승리를 거둔 신바빌로니아는 네부카드네자르 왕국이 들어서면서 힘차게 부활하는 것처럼 보였습니다. 하지만 새롭게 태어난 페르시아 제국에 의해 그 부활은 좌절되고 말았습니다.

이슈타르 문
새로운 도시 바빌론은 8개의 큰 문을 통과해서 들어갈 수 있었습니다. 가장 웅장한 문이 이슈타르 문인데, 여러 가지 문양과 사자, 들소, 용의 그림으로 장식되어 있습니다.

페르시아

페르시아 인들은 처음에 작은 부족을 이룬 지 단 30년 만에, 당시 가장 강력한 제국이었던 바빌로니아까지 국경을 넓혔습니다. 키루스 대왕은 메디아와 페르시아를 통일하고 지중해까지 세력을 확장할 목표를 세웠습니다. 기원전 546년 할리스 전투에서 리디아의 크레수스 왕과 싸울 때에는 낙타를 탄 활 부대를 앞세워 승리를 거두기도 했답니다.

페르시아 제국의 키루스 대왕과 그의 아들 캄비세스는 영토 확장 정책을 펼쳐 근동아시아 지역과 이집트 전체를 통일한 거대 제국을 건설했답니다.

페르시아의 영토 확장 지도

스키타이

스키타이는 인도-유럽어족 계통의 부족 집단입니다. 이들은 기원전 8세기부터 근동아시아 지역으로 흘러들어 가기 시작했어요. 전쟁에 강한 민족이었던 그들은 상황에 따라 아시리아와 동맹을 맺기도 하고 전쟁을 하기도 했답니다.

파르티아

파르티아 인은 스키타이계로 추정되는 유목 민족입니다. 이들은 본거지에서 카스피 해 쪽으로 이동해 기원전 3세기에는 이란 북부의 고원 지대에 정착했습니다. 기원전 141년, 파르티아의 왕 미트리다테스가 메소포타미아를 정복해 헬레니즘 문화가 융성했던 시리아의 통치를 받도록 했어요. 파르티아 제국은 로마의 가장 강력한 적군이 되었답니다.

힉소스

그 밖에 근동아시아에 등장한 민족들은 더 있었습니다. 바로 이집트를 점령한 힉소스 인들입니다. 기원전 2000년 무렵, 힉소스 인들이 거대한 무리를 지어 고원 지대와 사막 지대에서 유프라테스 강 동쪽으로 이동하기 시작했습니다. '힉소스'는 이집트 인들이 '외국 땅의 지배자들'이라는 뜻으로 부른 이름입니다. 이 유목민들은 이 이름처럼 기원전 1730년 무렵에는 나일 계곡을 침입해 100년 동안 이 지역을 지배했습니다. 힉소스 인들은 전투용 말과 전차 등 이집트 인들이 모르는 무기를 사용해 승리를 거두었답니다.

예술

로제타석의 발견과 해석

노동 활동이 다양해지고 전문화되면서 문자가 만들어졌습니다.

메소포타미아와 이집트 사회가 점차 종교적 정치적으로 융합되고 성장하자 노동력을 관리하고, 식량을 거두거나 분배하고, 상인들의 상업 활동을 원활하게 해 줄 문자가 필요해졌습니다. 그 결과, 이집트의 파라오 문명은 왕조마다 노동력을 감독하고 관리했던 내용을 정확하고 꼼꼼하게 기록해서 체계적으로 관리했습니다.

1799년, 프랑스의 나폴레옹이 이집트에서 전쟁을 하고 있을 때였습니다. 몇몇 프랑스군들이 나일 강의 삼각주에 자리한 로제타에서 세 가지 형태의 문자가 조각된 비석을 발견했습니다. 이는 우리에게 고대 역사를 알 수 있도록 해 준 중요한 발견이었습니다.

발견된 장소의 이름을 딴 로제타석에는 기원전 196년 이집트의 프톨레마이오스 5세의 명령이 기록되어 있습니다. 그 명령은 상형 문자, 민용 문자*, 그리스 문자로 쓰여 있었는데, 그리스 문자 덕분에 상형 문자를 해독할 수 있게 되었고 고대 이집트 문자에 대해 알 수 있게 되었습니다.

로제타석

*민용 문자 : 후기 이집트 어의 구어체에서는 민용어와 콥트 어의 두 단계가 나타났습니다. 초기 그리스 인들이 이중 민용어의 이집트 단어들을 빌려서 초서 문자 형태로 썼던 문자입니다.

PTOLMYS
ΠΤΟΛΕΜΑΙΟΣ
PTOLEMAIOS

그리스 문자로 이집트 상형 문자를 어떻게 해석했을까?

로제타석에 '프톨레마이오스'라는 이름은 그리스 문자로 쓰여 있어요. 그것을 연구하면서 상형 문자의 형태를 구분하다 보니 옆의 그림과 같은 상형 문자임을 알고 그 뜻을 해석하게 되었습니다.
상형 문자는 인간과, 인간을 둘러싸고 있는 세상을 상징하는 문자랍니다. 처음에는 사물, 시설, 행위, 개념 등을 상징화한 그림 문자로 많은 사람들이 빠르고 쉽게 이해할 수 있도록 만들어 사용하다가 나중에는 추상적인 개념까지 표현하기 위해 소리를 의미하는 표시가 추가되었습니다.

예술

문자를 전파한 페니키아 인

페니키아 인들은 역사상 최초로 항해 활동을 했던 민족입니다. 고대 사회는 인구가 증가하면서 필요한 것도 더 많아졌습니다. 그래서 페니키아 인들이 세상을 향해 항해를 나섰습니다.
원래 '페니키아'라는 이름은 '붉은색'이라는 뜻의 그리스어 '피닉스(phoinix)'에서 기원한 것입니다. 그들이 '붉은색'이라는 의미로 불린 이유는 주로 양모 천을 염색할 때 붉은색 염료를 사용했기 때문입니다. 페니키아 인들은 이 염료를 팔기 위해 지중해의 지브롤터 해협까지 자신들이 아는 모든 세상을 돌아다녔어요. 뿐만 아니라 그들은 배를 타고 각지에 밀, 기름, 포도주, 직물, 노예를 조달했습니다.
뱃사람이자 상인이었던 페니키아 인들은 빠르고 쉽게 이해할 수 있는 문자가 필요하다는 생각을 했습니다. 그래서 기원전 2000년대 말, 이집트 인이 상형 문자를 만든 것처럼 자신들도 사물을 나타내는 표음 문자를 만들었습니다. 이는 간단한 기호로 소리를 표시하는 문자였어요. 그래서 이집트 인들과도 어렵게 대화할 필요가 없었고, 음절을 표시할 필요도 없었답니다.

페니키아 인들은 지중해 해안 지역에 수많은 경제 식민지를 건설했습니다. 현재의 튀니지에 자리하고 있던 카르타고도 그중 한 곳이랍니다. 페니키아 인들은 활발한 항해 활동으로 동양과 서양을 가깝게 이어 주는 다리 역할을 했을 뿐만 아니라, 이들이 쓴 표음 문자는 훗날 서양에서 쓰인 알파벳의 기원이 되었습니다.

기원전 130년경

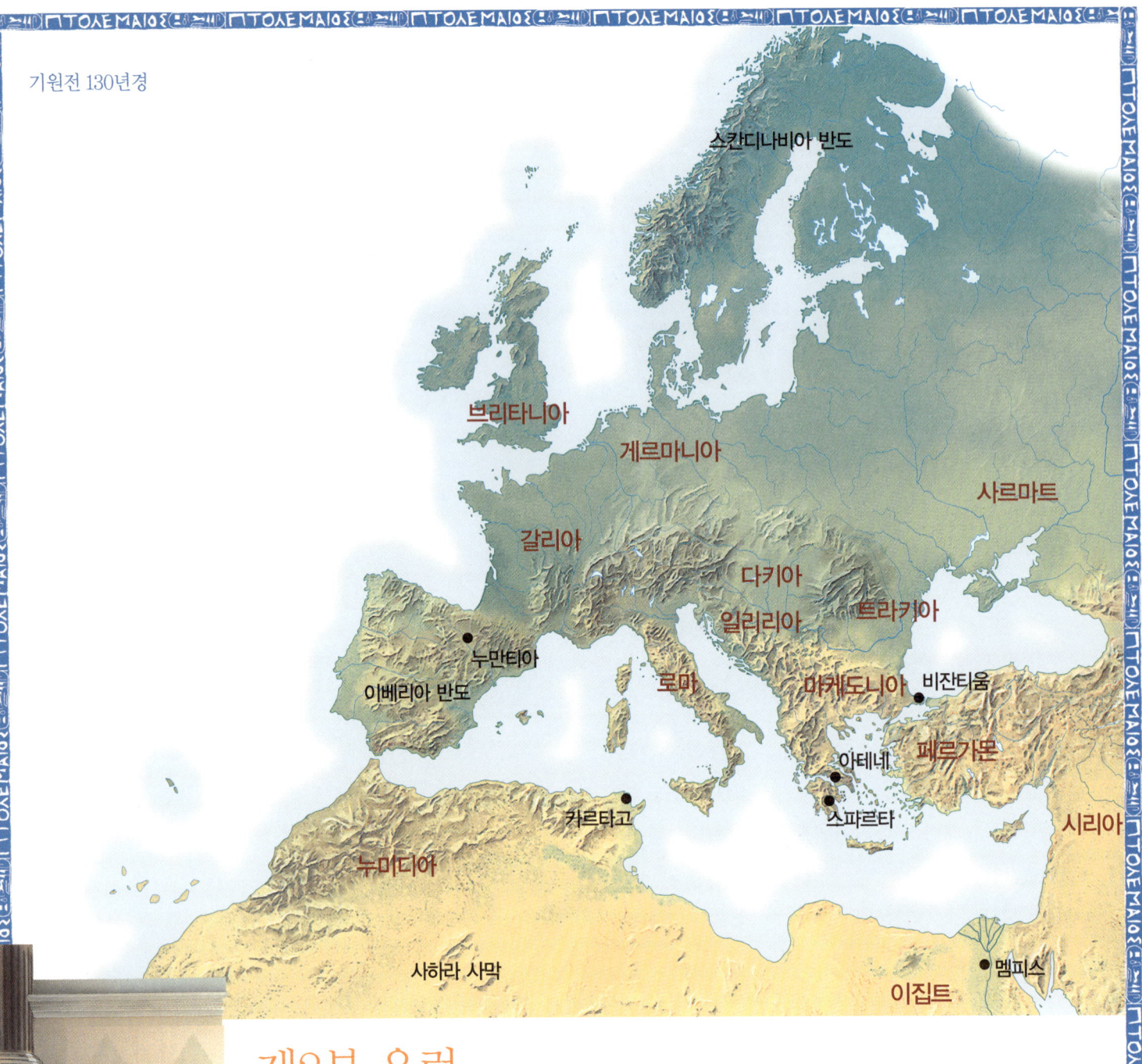

스칸디나비아 반도
브리타니아
게르마니아
사르마트
갈리아
다키아
일리리아
트라키아
누만티아
로마
마케도니아
비잔티움
이베리아 반도
아테네
페르가몬
카르타고
스파르타
시리아
누미디아
사하라 사막
멤피스
이집트

제2부 유럽

고대 유럽의 역사는 그리스-로마 문명의 역사처럼 정확히 나뉘지 않습니다. 하지만 그리스-로마 문명(기원전 1000년~기원후 1000년대 중반)과 마찬가지로 자신들만의 정치와 제도를 마련하여 조화롭게 살았습니다. 그 결과 수준 높은 문화와 예술의 기원을 마련했고, 수많은 전쟁사를 전하고 있습니다.

유럽의 고대는 다른 지역의 문명권에 비해 역사가 상당히 짧은 편입니다. 기원후 5세기에 로마 제국이 멸망하면서 막을 내렸으니, 아메리카의 고대 문명기에 비하면 1000년 가까이 일찍 끝난 셈입니다. 하지만 인류 최초의 역사학자로 알려져 있는 헤로도토스와 투키디데스 덕분에 고대 지중해의 역사는 오히려 다른 고대사보다도 더 많이 알려져 있답니다. 그럼 이제부터는 고고학이 결실을 맺은 인류의 연구 결과들을 살펴볼까요?

고대 유럽 문명 연대표

기원전 4000년	거석 무덤이 출현함.
기원전 3000년	인도-유럽어족이 북유럽으로 이주함.
기원전 2000~1450년	미노스 인들이 크레타 섬에 크노소스, 파이스토스, 말리아 궁을 건설함.
기원전 1600~1150년	미케네 문명이 발전함.
기원전 1200년	그리스 반도에 도리아 인이 상륙함.
기원전 1000년	에게 해 지역과 중유럽 지역에서 철기를 사용하기 시작함.
기원전 800~700년	이탈리아에 에트루리아 문명이 정착되고, 그리스의 제2차 식민지 정책이 시작됨.
기원전 776년	그리스에서 최초의 올림픽 경기가 개최됨.
기원전 753년	로마 신화의 시작. 로물루스가 로마 시를 건설함.
기원전 750년	할슈타트에서 켈트 문명이 발전함.
기원전 509년	로마에서 공화정 시대가 시작됨.
기원전 500년	켈트 민족이 라텐에서 철기 문화를 발전시킴.
기원전 490년	아테네 인들이 마라톤에서 페르시아 인들을 격퇴함.
기원전 480년	그리스 민족이 살라미스 해전에서 페르시아 인을 이김.
기원전 431~404년	펠레폰네소스 전쟁에서 스파르타가 아테네를 이김.
기원전 343~290년	이탈리아 반도에서 로마가 삼니움 족과 전쟁을 벌임.
기원전 336~323년	알렉산드로스 대왕의 통치. 334년에서 323년까지 정복 활동을 펼쳐 페르시아까지 아우르는 대제국을 건설함.
기원전 275년	로마가 마그나 그라이키아의 주인이 됨.
기원전 264~241년	로마와 카르타고 간에 제1차 포에니 전쟁이 벌어짐.
기원전 218~202년	제2차 포에니 전쟁.
기원전 202년	아프리카의 자마에서 로마가 카르타고를 완전히 무찌름.
기원전 168년	로마가 마케도니아 왕국을 정복함.
기원전 146년	그리스가 로마의 속주가 됨.
기원전 133~121년	로마의 호민관이었던 그라쿠스 형제가 살해당함.
기원전 133년	로마가 이베리아 반도에서 켈트-이베리아 족의 마지막 요새였던 누만티아를 함락시킴.
기원전 91~89년	동맹시 전쟁: 이탈리아의 동맹시들이 반란을 일으켜 로마군과 싸움.
기원전 64년	로마의 폼페이우스가 시리아를 정복함.
기원전 58~51년	카이사르가 갈리아를 정복함.
기원전 49~48년	카이사르와 폼페이우스 간에 내전이 일어남.
기원전 44년	카이사르가 암살당함.
기원전 30년	로마가 이집트를 정복함.
기원전 29~기원후 14년	아우구스투스 황제 시대.
기원후 9년	게르만 족과의 전투에서 패배하여 로마의 게르만 진출 계획이 중단됨.
기원후 43년	로마가 브리타니아(영국 그레이트브리튼 섬) 남부를 장악함.
기원후 106년	로마의 트라야누스 황제가 다키아(루마니아)를 정복함.
기원후 166년	게르만 족인 콰디 족과 마르코만니 족이 이탈리아 북동부에 상륙함.
기원후 235년	세베루스 왕조가 끝나고 로마에 군인 황제 시대가 시작됨.
기원후 313년	콘스탄티누스 황제가 밀라노 칙령 반포. 그리스도교인들의 종교 자유권을 인정함.
기원후 378년	서고트 족이 발칸 반도를 침략함.
기원후 395년	테오도시우스 황제의 사망. 로마 제국이 둘로 나뉨.
기원후 410년	서고트 족이 로마를 침략함.
기원후 476년	서로마 제국이 멸망함.

지도로 배워요

고대 유럽 문명을 꽃피운 민족들은 누구일까요?

켈트 민족

켈트 민족은 인도-유럽어족의 한 갈래로 유목 민족이었습니다. 기원전 13세기부터 기원전 10세기 사이에 유럽 곳곳으로 진출했어요. 오스트리아의 할슈타트와 스위스의 라텐 지역에서 철기 문명의 꽃을 피웠어요. 그 후 지금의 프랑스 지역에서 다른 민족들과 융합되어 갈리아인이 되었답니다.

에트루리아 민족

에트루리아 민족은 이탈리아 반도 북부에서 번성한 민족입니다. 기원전 1000년경부터 지금의 토스카나 지방까지 세력을 확장해 이탈리아 중부 전체를 장악했습니다. 뱃사람들과 상인들이 뛰어난 문명을 꽃피웠지만, 기원전 4세기경에 로마에 의해 정복당했답니다.

이베리아 민족

이베리아 민족은 기원전 1000년대에 지중해의 로다노에서 이베리아 반도 서남쪽 지브롤터에 이르기까지 폭넓게 흩어져 살았습니다. 페니키아 인, 그리스 인, 켈트 족 등과도 가깝게 지냈답니다. 초반에는 카르타고의 지배를 받다가 기원전 2세기에 로마 인들에게 정복당했습니다.

로마 민족

로마 인들의 선조는 인도-유럽어족의 한 갈래인 라틴 족입니다. 하지만 이탈리아 반도에 살고 있던 인도-유럽어족인 사비나 족도 기원전 8세기 로마 문명이 탄생하는 데 큰 영향을 끼쳤습니다. 뿐만 아니라, 다우니 족, 삼니움 족 등을 정복하면서 로마 문화를 만들어 나갔어요. 물론 앞서 이야기했던 에트루리아 인들도 이들과 융화되어 에트루리아 문화 또한 초기 로마 문명의 탄생에 큰 영향을 끼쳤답니다.

거석 제작자들

유럽에서는 7000년에서 4000년 전 사이에 선사 문화가 꽃피었습니다. 당시 사람들은 어마어마한 크기의 바위로 거대한 기념물을 만들어 죽은 이를 기리고 신을 숭배했습니다. 이 거석 기념물들은 지금의 포르투갈에서 스칸디나비아 반도에 해당하는 서유럽의 산등성이에 세워져 있어요. 그중에서도 신비로운 비밀을 간직한 듯한 스톤헨지(기원전 1900년~기원전 1500년경 건축된 것으로 추측됨)는 선사 시대에 만들어진 브리타니아(현재 영국의 그레이트브리튼 섬-옮긴이)의 유적이랍니다.

구석기 시대의 예술가들

라스코 동굴 벽화나 발렌도르프의 비너스와 같은 조각상을 남긴 예술가들은 바로 호모 사피엔스들입니다. 호모 사피엔스들은 3만 5,000년 전부터 유럽 대륙에 살면서 멋진 작품을 남기는 등 최고의 예술을 꽃피웠답니다.

구석기 시대의 예술가들 발렌도르프의 비너스

거석 제작자들 스톤헨지 거석 기념물

켈트 민족 켈트 족의 장례품

이베리아 민족 이베리아 인과 로마 군사

로마 인 로마의 콜로세움

게르만 민족

인도-유럽어족으로 오랜 세월 동안 로마 제국 주변, 그중에서도 스칸디나비아 반도와 지금의 북부 독일 지방에서 살았던 민족입니다. 켈트 족보다 늦게 철기 문화를 받아들였으며, 로마 인들은 이들을 얕잡아 보아 '갈리아 인'이라고 불렀습니다. 하지만 로마 제국이 멸망하고 난 뒤에 오히려 유럽 역사의 주인공이 되었답니다.

유럽 토착민과 인도-유럽 인

오래전부터 유럽에 거주하던 토착민과 동쪽에서 이주해 온 인도-유럽어족 중 일부가 기원전 5000년경부터 모여 살았습니다. 이들은 고대 유럽에서 발생한 수많은 문명을 바탕으로 생활했습니다.

스키타이 민족

기원전 2000년부터 기원전 1000년까지 지금의 남부 러시아에 침입하여 오랜 기간 지배했던 인도-유럽 민족입니다. 장구한 세월 동안 고대 동유럽 역사의 주인공 자리를 지켰답니다.

아카이아 민족

기원전 2000년 무렵에 그리스 반도로 들어와 테살리아에서 펠레폰네소스 반도에 걸쳐 살았던 민족입니다. 이들이 이룩한 문명은 미케네의 단단한 암석 덕분에 '미케네 문명'이라고 알려져 있어요. 하지만 위대한 미케네 문명도 기원전 12세기 무렵 그리스 반도에 도리아 인들이 상륙하면서 사라지고 말았답니다.

그리스 민족

그리스 민족은 어느 하나의 민족으로 이루어지지 않았습니다. 그리스 반도에 살고 있던 민족들은 유럽 대륙의 토착민과 섞이고, 다시 다양한 민족들을 만나게 됩니다. 그러다 기원전 13세기에는 도리아 인 같은 이주자들이 들어와 이들과 융합하는 과정에서 형성된 민족입니다. 기원전 11세기부터 기원전 10세기까지 인구가 급증하자 그리스 인들은 새로운 경작지를 찾아 나섰습니다. 그래서 소아시아와 지중해 동부를 잇는 긴 해안 지역에 식민 도시들을 세웠습니다. 이 같은 식민 도시 계획은 기원전 8세기부터 7세기까지 시행되었습니다. 그 결과, 그리스 인들은 이탈리아 남부 동쪽 해안 지역에 마그나 그라이키아라는 식민 도시 지역을 만들었습니다.

크레타 민족

기원전 3000년부터 기원전 1200년까지 크레타 섬을 중심으로 고대 문명이 발달했습니다. 이들 문명은 크레타 섬 외에도 키클라데스 제도, 그리스 반도의 남부까지 퍼져 있었답니다. 크레타 민족 역시 특정 민족으로 구성되어 있지 않았습니다. 소아시아 인을 중심으로 아리아 인 등 여러 민족이 융합되어 있었답니다. 이들이 이룩한 크레타 문명의 가장 큰 유산은 크노소스 궁전이에요.

인도-유럽 민족

게르만 민족
게르만 전사들

스키타이 민족
스키타이 기사

그리스 인
미론의 원반 던지는 사람

크레타 인
크노소스 궁전

그림 속 탐험 여행

지중해식 농업이 문명에 활기를 불어넣다

다른 곳과 마찬가지로 유럽에서도 농업과 목축은 인간의 생활을 완전히 변화시켰습니다. 빙하기가 끝나자, 사냥꾼들은 더 이상 유럽 땅에서 대초원을 뛰어다니던 순록들을 볼 수 없게 되었고, 순록의 뿔조차 구할 수 없게 되었습니다. 날씨가 따뜻해지면서 숲이 울창해져서 덩치 큰 짐승들이 살기가 힘들어졌기 때문입니다. 하는 수 없이 사람들도 생활 방식을 새롭게 바꾸어야 했어요. 그렇게 해서 시작한 것이 바로 농경이랍니다.

앞서 근동아시아 지역에서도 살펴봤듯이 고대 사회에서 농업으로의 전환은 성공적이었습니다. 하지만 유럽에서는 사냥과 채집 방식에서 농업으로 경제 구조가 완전히 변화하는 데 무려 3000여 년의 시간이 걸렸어요. 기원전 7000년경부터 시작된 농업이 기원전 4000년경에 이르러서야 비로소 동쪽으로는 스페인, 북쪽으로는 스칸디나비아 반도까지 광범위하게 확산되었던 것입니다. 숲에 불을 놓아 농사지을 터를 마련하고 땅을 일구면서 농기구의 성능도 점점 더 발전했습니다.

이 같은 농업 경제 덕분에 주로 산간 지역에 집중적으로 분포되었던 유럽의 인구도 구릉 지대로 분산될 수 있답니다. 그중에서도 지중해 지역은 유럽 고대사의 중심지였던 동시에 고대 농업 경제의 핵심이었습니다. 지중해 지역은 매력적인 곳이었습니다. 먼저 곡물 재배를 비롯하여 포도, 올리브와 같은 건조 작물 농사(지중해식 농업)가 가능했습니다. 게다가 염소와 양, 돼지 같은 작은 가축들에게 아주 좋은 풀을 먹일 수 있었고, 따뜻한 기후 덕분에 야외 생활도 가능했습니다.

그리하여 기원전 800년에서 기원후 400년경에는 그리스와 로마가 지중해의 고대 문명에 활기를 불어넣어 문화를 한층 발전시켰고, 경제 수준 또한 더욱 향상시켰습니다. 이 시기의 경제는 매우 눈부셨는데, 훗날 근대 사회가 시작되기 전까지는, 정확히 말하면 기원후 13세기까지는 유럽의 그 어느 지역도 따라잡지 못할 정도로 뛰어났답니다.

경제

북유럽의 농사는 왜 늦었을까요?

지중해 지역의 토양은 부드럽고 침투성이 좋아 농사짓기에 적합했습니다. 그래서 기원전 마지막 몇 세기 동안 이 지역에서는 농업이 왕성하게 발전했습니다. 이와 달리 서유럽과 북유럽의 땅은 단단하고 침투성이 좋지 않아 쉽게 농사를 지을 수가 없었습니다. 그래서 단단한 땅을 고를 수 있는 철제 농기구가 발달하고 로마 인들이 토지 개간에 힘을 쏟은 다음에야 비로소 농작물을 성공적으로 재배할 수가 있었답니다.

건조 농업

지금까지도 지중해 지역은 흙먼지로 뒤덮인 메마른 땅 속 깊은 곳에 수분이 남아 있습니다. 이 지역 사람들은 해안 근처의 구릉지를 농경지로 많이 활용했는데, 비탈진 땅을 평평하게 고른 다음 돌담을 쌓아 계단식으로 정리하여 이용하기도 했어요.

경제

라티푼디움

라티푼디움이란 로마 시대의 대토지 소유 제도를 가리키는 말입니다.

본래 로마는 정복한 토지를 모두 국가 소유로 했습니다. 하지만 정복한 땅이 많아지면서 이를 국가가 제대로 관리하기가 힘들어졌어요. 게다가 오랜 기간 동안 전쟁에 참전했던 농민들은 자기 땅을 돌보지 못하면서 빈민층으로 전락하고 말았습니다. 이 과정에서 권력을 쥔 귀족들이 정복지를 사들이거나 몰락한 농민의 땅을 사들여 토지를 늘려 나갔는데, 이것이 대농장이 되었답니다. 귀족들은 이 어마어마한 농장을 노예들을 부려 경작함으로써 손쉽게 재산을 불려 나갔어요.

대토지 소유주
기원전 2세기 무렵, 정복 전쟁으로 로마가 광대한 땅을 차지하게 되면서 대토지 소유주가 생기기 시작했습니다. 그들은 토지 중앙에 저택을 두고 400칸도 넘는 땅을 소유했답니다.

100칸의 땅
로마는 정복한 땅(로마 시민 공유지)을 100칸으로 나누는 작업을 했는데, 이것은 소작농이 될 군인들과 가난한 농민들에게 나누어 줄 땅을 구분하기 위해서였습니다. 200유겔룸(약 50만 평방미터) 넓이의 땅을 정사각형이나 직사각형 모양으로 100칸씩 구분해서 100명의 소작농에게 나눠 주었답니다.

가축 사육지
100칸으로 나눈 농지 중에는 숲으로 둘러싸인 곳도 있었고, 분배되지 않은 땅도 있었답니다. 이런 곳에서는 가축을 길렀습니다.

소규모 농지 분배
대토지 소유주가 아직 나타나지 않았던 기원전 2세기 이전에는 한 칸의 땅을 보통 20명이 나눠서 경작했습니다.

생활

로마 귀족들의 저택

기원전 2세기부터 귀족들의 저택은 대토지 소유주와 노예들의 노동력을 바탕으로 한 로마 농업 경제에서 중심지 역할을 했습니다. 하지만 로마 제국의 몰락으로 이런 형태의 농경 사회는 점점 더 도시와 멀어지게 되었답니다.

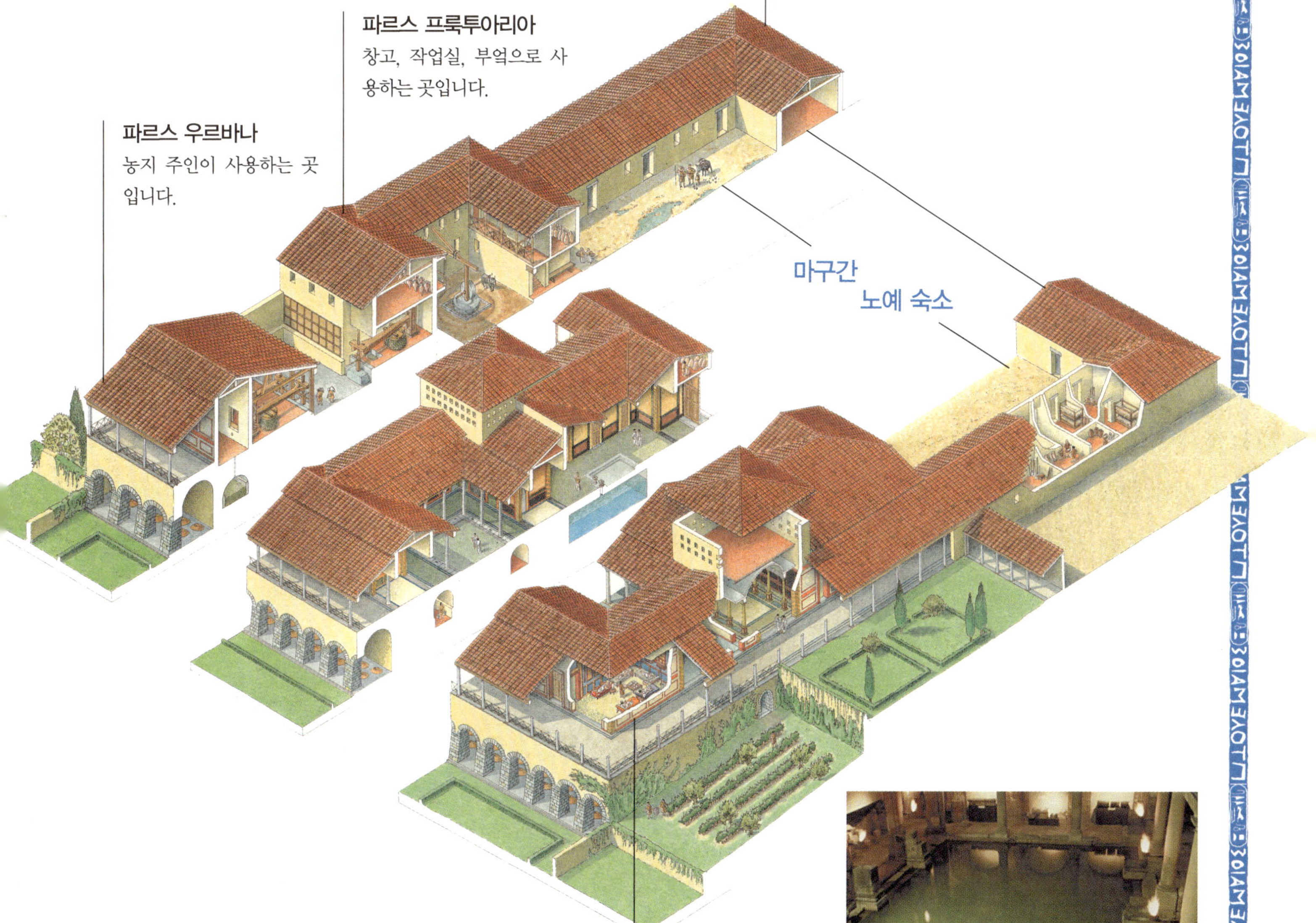

파르스 루스티카
노예의 숙소와 마구간이 있는 곳입니다. 농장의 노예들은 도시의 노예들보다 훨씬 힘든 생활을 했답니다.

파르스 프룩투아리아
창고, 작업실, 부엌으로 사용하는 곳입니다.

파르스 우르바나
농지 주인이 사용하는 곳입니다.

마구간
노예 숙소

식당

로마의 공중목욕탕
로마 인들은 그리스 인들의 공중목욕탕에 매력을 느껴 도시 곳곳에 공중목욕탕을 지었습니다. 공중목욕탕은 건강 관리를 위한 장소인 동시에 휴식과 문화의 장이었답니다.
(영국 배스에 남아 있는 로마의 공중목욕탕)

그림 속 탐험 여행

철의 사용과 지중해 문명

기원전 2000년경 서아시아에서 처음으로 철을 연마하는 기술이 개발되었습니다. 기원전 1000년경부터는 켈트 민족과 에트루리아 민족, 그리스 민족, 로마 민족이 채굴 기술을 개발하고 연마하는 기술을 더욱 발달시켜 나중에는 유럽 전역에 철제 도구가 널리 퍼지게 되었습니다.

그리스 인들과 로마 인들은 광업 기술과 더불어 특히 배수 시설 분야에서 엄청난 진보를 이루어 냈습니다.

철기 문화의 대중화는 산림을 벌채하여 토지를 이용하는 데 크게 기여했습니다. 그 결과 지중해 대륙의 모습도 변하게 되었지요.

또 철은 불모지를 일구는 데 필요한 최고의 농기구를 선사해 주었을 뿐만 아니라, 군대에서도 이전보다 훨씬 효율적이고 막강한 무기를 사용할 수 있게 해 주었답니다.

유용한 철기의 사용은 또 다른 문제를 낳았어요. 농산물 생산이 늘고 풍요로워지면서 인구가 급증한 것입니다. 인구 밀도가 너무 높아진 지역에서는 농지가 부족한 현상까지 나타났어요.

이런 현상은 기원전 8세기 무렵 그리스에서 특히 두드러졌습니다. 그 결과 그리스에서는 새로운 땅을 찾아 식민지를 만들려는 움직임이 일어났답니다.

당시 그리스 인들은 지중해 연안 전체에서 가장 큰 힘을 발휘하는 사람들이었어요. 다양한 농사 기술의 발달로 농업이 전문화되어 생산성이 높아졌습니다. 게다가 뛰어난 항해술로 지중해를 누비며 식민 도시들을 건설하는 동안 장거리 무역을 하는 상인들도 생겨나 상업도 발달했어요.

고대 유럽 말기에는 로마 제국이 거대한 영토를 지배하며 수세기 동안이나 안정적으로 번영을 누렸어요. 이것은 교통수단의 발달과 장거리 운송 무역 덕분이었답니다. 그러나 이렇게 대토지를 소유한 지주들이 자유롭게 무역을 좌지우지할 수 있었던 것은 노예들을 이용한 풍부한 노동력 덕분이기도 했습니다. 노예들은 특히 농업과 광업 분야에 많이 동원되었습니다.

경제

고대 유럽인도 광물을 채취했을까요?

광물을 채취하는 기술은 기원전 1000년대 중반 이전부터 그리스와 이탈리아에서 이미 상당히 발전해 있었습니다. 특히 로마 인들의 채굴 기술은 유럽으로 널리 보급되어 기원후 1세기 말에는 브리타니아에까지 전해졌답니다.

할슈타트의 소금 광산

오스트리아에 있는 세계에서 가장 오래된 암염 광산입니다. 할슈타트에서 켈트 민족이 남긴 초기 철기 문화의 유물들이 발굴되었습니다. 이 소금 광산 덕분에 켈트 민족은 기원전 8세기부터 소금을 채취할 수 있었습니다. 소금을 만들 때에는 샘물을 수조에 모아 불을 지펴 증발시키는 방법을 사용했답니다. 이렇게 하면 수조 바닥에 소금이 남아서 아주 쉽게 채취할 수 있었어요.

라우리온 광산

그리스 중부의 아티카 지방에 있는 고대의 유명한 은광입니다. 아테네 인들은 아테네의 황금기였던 기원전 5세기에 라우리온에 장방형 동굴을 파고 은을 캤습니다. 은이 포함된 광물을 방연석(황화납으로 이루어진 광물)이라고 하는데, 노예들은 방연석을 곡괭이로 파서 광주리에 담아 운반했어요. 은은 동전을 만드는 데 주로 사용되었습니다. 이미 해상 무역으로 번영을 누리고 있던 아테네 인들은 이 라우리온 광산을 이용하면서 더 많은 부를 누리고 더 큰 힘을 가지게 되었답니다.

에트루리아의 광산

아직 선조가 정확히 밝혀지지 않은 고대 이탈리아의 에트루리아 인은 광산을 발굴하고, 채굴한 철을 연마하는 데에도 뛰어난 솜씨를 발휘한 민족입니다. 이들은 엘바 섬과 티레니아 해안 근처의 광산에서 철을 채굴했습니다.

기원전 7세기에서 기원전 6세기에 이르면서 에트루리아 인들의 금속을 다루는 기술은 대단히 정교해졌습니다. 이때는 풀무로 바람을 집어넣어 불의 온도를 높인 다음, 화로에 광물을 놓고 굽는 방식을 사용했답니다.

테트라드라크마

그리스의 도시 국가 중 하나인 아테네에서 발행한 은화입니다. 앞면에는 아테네의 얼굴이 새겨져 있고, 뒷면에는 아테네 여신의 상징인 올빼미가 새겨져 있어요.

에트루리아의 술잔

에트루리아 인들이 사용하던 술잔입니다. 에트루리아 인들은 귀금속으로 선의 아름다움과 미세한 점들을 표현할 줄 알았는데, 그 정교함은 오늘날에도 재현하기 어려울 정도입니다.

그림 속 탐험 여행

자연 현상에서 탄생한 고대 유럽의 신들

지금까지 우리가 살펴본 민족들은 대부분 조상이 같습니다. 언어학자들, 역사학자들, 그리고 고고학자들은 유럽 민족과 아시아 민족의 일부가 인도-유럽 민족과 같은 혈통이라고 주장했어요. 이러한 주장은 오래전부터 인정받아 왔답니다.

많은 학자들은 '인도-유럽인'이라는 명칭이 틀리지 않았다는 전제하에 그들이 기원전 5000년에서 기원전 2000년 사이에 유럽과 아시아로 대거 이주해 온 것이라고 판단하고 있습니다. 다만 어디에서 온 것인지는 학자들마다 의견이 달라요. 어떤 학자는 발트 해 쪽에서 이주해 왔을 것이라고 주장했고, 어떤 학자는 볼가 강 남부에서 왔을 것이라고도 주장했어요. 또한 소아시아 쪽에서 왔을 것이라고 주장하는 학자도 있답니다.

인도-유럽 인들의 종교는 자연과 깊은 관계가 있었습니다. 이들은 태양, 불, 천둥, 번개와 같은 자연을 숭배했어요. 인격화한 하늘에 최고의 권위를 부여했다는 점은 서양 종교와의 공통점입니다. 그리스 인들의 제우스와 로마 인들의 유피테르는 모두 신들의 왕이었으니까요.

고대 유럽 사람들의 종교적 행위는 주로 지상에서의 삶과 관련된 것이었어요. 근동아시아의 종교처럼 사후 세계를 숭배하지는 않았답니다.

그리스 인들이 방대하게 발전시킨 신화는 입에서 입으로 전해 내려왔어요. 옛날이야기처럼 말이에요. 그러다 호메로스가 남긴 〈일리아드〉나 〈오디세이〉 같은 문학 작품을 통해 기록으로 남게 되었답니다.

그리스 신화의 내용은 크게 세 부분으로 나눌 수 있는데, 첫째 부분은 신화의 기원으로 이 세상이 어떻게 만들어졌는지를 이야기한 부분이고, 둘째 부분은 불멸의 신들이 죽음이라는 숙명을 안고 살아가는 인간의 열정을 갖게 되는 모험을 이야기한 부분이며, 마지막 부분은 영웅들의 활약상을 이야기한 부분입니다.

호메로스 조각상
호메로스의 작품으로 전해지는 〈일리아드〉와 〈오디세이〉는 서양 문학의 걸작으로 여겨집니다. 〈일리아드〉는 트로이와 그리스 간의 전쟁을 소재로 영웅 아킬레우스의 복수와 죽음을 다루고 있습니다. 〈오디세이〉는 트로이 전쟁 이후 귀향길에 오른 영웅 오디세이가 겪는 모험담으로 지금까지도 많은 이들에게 영감을 주는 작품입니다.

일반적으로 로마 신화는 그리스 신화와 똑같다고 생각하는데, 실제로는 그렇지 않습니다. 로마 인들은 그리스 신화를 바탕으로 자신들만의 신화를 연구해서 로마 건설에 관한 수많은 신화를 창조했답니다. 로마 신화를 보면 로마 인들이 이 세상의 지배자로서 사명감을 가지고 있었다는 점이 확연히 드러납니다.

델포이의 아폴론 신전
아폴론 신전은 기원전 2000년 전에 지어진 것으로 추정됩니다. 본래는 풍요와 대지의 여신 가이아를 숭배하기 위한 곳이었답니다. 하지만 기원전 900년경부터 태양신 아폴론의 신탁을 받는 곳으로 이름을 떨쳤습니다. 전설에 따르면, 제우스가 세계와 정반대인 곳에서 두 마리의 독수리를 날렸는데, 두 마리의 독수리가 다시 만난 자리가 바로 세계의 중심, 즉 아폴론 신전이 있는 곳이라고 합니다.

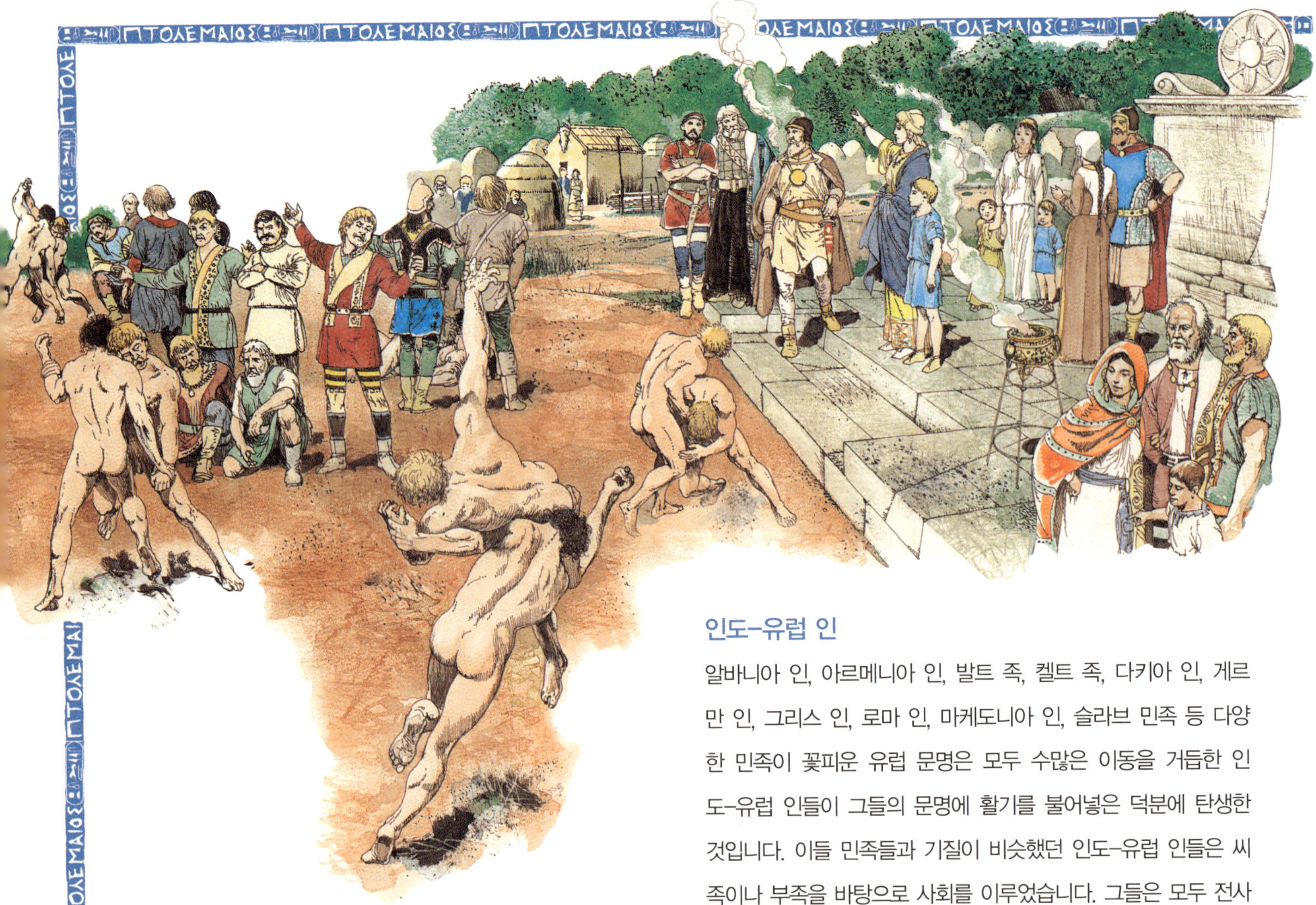

인도-유럽 인

알바니아 인, 아르메니아 인, 발트 족, 켈트 족, 다키아 인, 게르만 인, 그리스 인, 로마 인, 마케도니아 인, 슬라브 민족 등 다양한 민족이 꽃피운 유럽 문명은 모두 수많은 이동을 거듭한 인도-유럽 인들이 그들의 문명에 활기를 불어넣은 덕분에 탄생한 것입니다. 이들 민족들과 기질이 비슷했던 인도-유럽 인들은 씨족이나 부족을 바탕으로 사회를 이루었습니다. 그들은 모두 전사로서의 사명감을 지니고 있었으며, 자연신을 숭배했습니다.

종교

우주와 신

고전을 통해 고대 사회의 모습을 들여다보면 당시 그리스나 로마에는 신과 절대적인 관계에 있는, 강력한 세력을 가진 성직자 계급이 없었다는 것을 알 수 있습니다. 사람들은 집에서, 혹은 광장에서 집회를 열거나 운동 경기, 시, 음악, 연극 등의 경연 대회를 여는 방식으로 신을 숭배했습니다. 델포이의 아폴론 신전은 신화의 기원지로 특별히 신성시되고 있답니다.

고대 그리스의 시인 호메로스가 쓴 신화를 보면, 제우스는 이 세상을 하늘과 땅, 바다, 이렇게 세 부분으로 나누었어요. 자신은 하늘을 맡아 우주의 질서를 다스리고, 포세이돈에게는 바다를, 하데스에게는 저승을 맡겨 다스리게 했답니다.

하데스

하데스는 제우스의 형입니다. 머리가 셋 달린 개 케르베로스가 지키는 타르타로스를 다스렸어요. 타르타로스는 죄인들의 영혼이 가는 곳이랍니다.

제우스
올림포스 신들의 왕입니다. 정열적이고 힘도 세지만 운명의 신 앞에서는 꼼짝도 할 수 없었어요. 그가 아끼던 영웅들의 운명을 바꾸어 줄 수도 없었답니다.

포세이돈
제우스의 형이며, 바다의 신입니다. 마차로 파도를 타고 다니면서 삼지창을 휘둘러 폭풍을 일으키거나 잠재웠습니다.

그리스 신전
그리스 신전은 인간이 신에게 바친 장소로 신이 거주하는 곳일 뿐, 신을 숭배하는 곳은 아니었습니다. 신에 대한 숭배 의식은 신전 밖에서 이루어졌답니다.

종교

로마 신들의 회의

로마 인들이 상상한 신들의 회의 장면은 그리스의 12신들이 올림포스 신전에서 하던 회의 장면과 비슷합니다. 이것은 짜임새 있고 긴박감 넘치는 그리스 신화에 빠져 자신들의 신화를 버리고 그리스 신화를 차용하여 이야기를 덧붙인 것에 불과하기 때문입니다. 그 결과, 그리스의 신들은 로마의 신으로 이름만 바뀐 셈이 되고 말았답니다. 즉, 그리스의 신 제우스는 유피테르, 헤라는 유노, 아프로디테는 비너스, 포세이돈은 넵투누스, 아테나는 미네르바, 아르테미스는 디아나 등으로 불렸습니다. 이처럼 고대 로마는 주로 그리스의 신들을 받아들여 숭배했지만, 근동아시아나 이집트의 신앙도 함께 받아들였습니다.

메르쿠리우스

상업의 신으로 상인들의 수호신이었습니다. 그리스의 신 헤르메스와 비슷해요. 주로 날개 달린 모자와 날개 달린 신발을 신은 모습으로 표현된 메르쿠리우스는 로마가 정복한 이민족들에게 큰 인기를 끌었답니다. 사진은 울리의 사원에서 출토된 메르쿠리우스 신의 두상입니다.

유피테르*
신들의 왕

유노
신들의 여왕

넵투누스
바다의 신

마르스
전쟁의 신

미네르바
지혜의 여신

디아나
달과 사냥의 여신

아폴로
태양과 예술의 신

두 얼굴의 야누스
야누스는 통로의 신이었습니다

비너스
사랑의 여신

* 그리스 신화의 제우스입니다. '주피터'는 '유피테르'의 영어식 발음입니다.

그림 속 탐험 여행

귀족과 노예가 생겨났어요

인도-유럽 인에 속하는 여러 유럽 민족의 공통점은 고대 사회의 가족 구성원과 가족의 역할에서도 찾아볼 수 있습니다.

인도-유럽 민족의 가정은 가부장적인 성격을 띠었습니다. 가정에서는 가장인 아버지가 유일한 보호자로서 가족 구성원에 대해 절대적인 권리를 행사할 수가 있었답니다. 가족은 다시 혈족이나 결혼을 통해서 생겨난 다양한 친·인척들과 연결되어 대가족을 이루었습니다. 이런 대가족이 성장해서 그리스와 로마의 기본적인 사회 단체를 형성하게 된 것입니다.

로마가 건국되고 나서 몇 세기 만에 힘을 가진 몇몇 집안이 사람들의 관심을 끌기 시작하였어요. 이들은 엄청난 가족 구성원과 많은 토지를 소유한 집안이었답니다. 이런 집안들이 저마다 '겐스(gens, 씨족)'를 이루었는데, 겐스에 속한 사람들은 자신의 이름 옆에 겐스의 이름, 즉 씨족의 이름을 붙여 썼습니다. 이처럼 힘을 가진 씨족 집안들은 점차 로마에서 귀족 계급을 형성하면서 자리를 굳혔습니다. 그리스에서도 마찬가지였는데 이들 씨족 집안이 폴리스의 지배 계급이 된 것입니다.

로마에서든 그리스에서든 소규모 자영 농민들은 가혹한 공물 징수에 시달려야만 했어요. 그러다 보니 공물을 바치기 위해 빚을 질 수밖에 없었습니다. 그러다가 빚을 갚지 못할 처지에 놓이게 되면 하는 수 없이 대토지 소유주의 노예가 되어야 했답니다.

콜로세움
로마는 그리스보다 훨씬 더 많은 노예들을 부렸어요. 이것은 모두 활발하게 벌인 팽창주의 정책, 즉 정복 활동 덕분이었답니다. 로마의 귀족들은 노예들을 생명이 있는 도구 정도로 여겼는데, 그중에서 가장 잔인한 것이 원형 경기장(콜로세움)에서 벌이는 검투사 경기였습니다. 로마의 정치가들은 민심을 얻기 위해 검투사들에게 목숨을 건 죽음의 경기를 펼치게 했습니다. 검투사들은 대부분 전쟁 포로나 노예, 범죄자 들이었는데 때로는 사자와 같은 맹수와도 싸워야 했습니다. 스파르타쿠스는 이 같은 비인간적인 대우를 참다 못해 반란을 일으킨 인물입니다. 한때 그의 세력은 이탈리아 남부까지 이를 정도로 막강했답니다.

빵을 만들고 있는 하녀
빵을 만들고 있는 그리스의 하녀를 형상화한 테라코타입니다. 여자 노예들은 집안일을 하거나 아이를 돌보는 일을 주로 했어요. 소녀들은 연회에서 춤을 추거나 음악을 연주하여 흥을 북돋우는 일들도 했답니다.

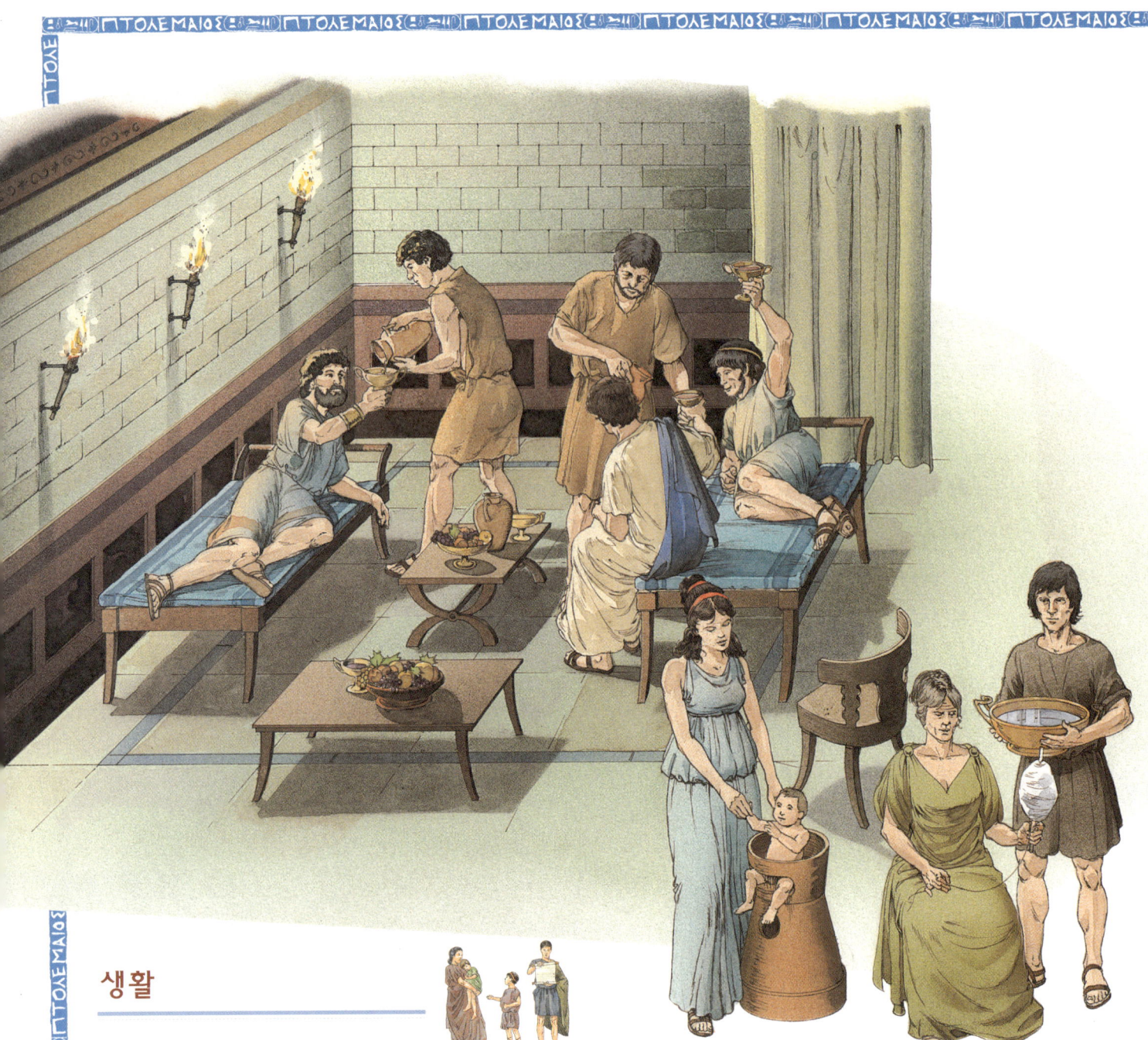

생활

가족의 지위가 달랐어요

그리스와 로마에서는 가족 구성원 중 남자만 정치적 권리를 누렸습니다. 여자는 집안일만 전담했으며, 교육의 기회도 주어지지 않았답니다. 여자는 어릴 적에는 아버지에게, 결혼을 하면 남편에게 복종해야 했어요. 만일 남편이 먼저 죽어서 과부가 되면 다시 아버지에게로 돌아가야 했습니다.

당시에 자식을 한 명이나 두 명만 낳는 집은 거의 없었습니다. 핵가족은 씨족 사회로 귀속되기도 했답니다. 강력한 권력과 부를 지닌, 명망 높은 친척에게 말이죠.

오이코스

오이코스는 그리스 인들이 자신의 집을 가리키던 말입니다. '가족' 혹은 '가족과 사는 곳'이라는 의미가 담겨 있답니다.

노예

폴리스(그리스의 도시 국가)와 로마의 역사 초기에는 시민들이 빚 때문에 스스로 노예가 되기도 했어요. 하지만 이후에는 노예의 수가 점점 더 많아졌어요. 전쟁에서 패한 민족, 노예의 자식, 노예 시장에서 팔린 노예들까지 포함되었기 때문입니다. 운이 좋은 노예들은 집안일을 하기도 했어요. 하지만 대부분은 크고 작은 토지 주인의 노예가 되어 힘든 농사일을 했답니다.

가장의 권한

초창기 로마에서 집안의 가장은 토지를 소유한 농민이었어요. 그들은 군대에 들어가 전쟁에 나갈 수도 있었습니다. 집에서는 아내와 자식, 노예에게 절대적인 권력을 행사할 수 있었어요. 또한 클리엔테스의 시중을 받기도 했습니다. 클리엔테스는 지주의 보호 아래 있는, 가장 미천한 시민 계급이었답니다. 보호를 받는 대신 여러 가지 봉사를 해야 하는 의무가 있었어요.

도무스

도무스는 부유한 로마 인의 집이었어요. 조각상과 벽화로 장식되어 있고 아주 호화로웠답니다. 하지만 대부분의 로마 시민들은 '인술라'라는 작은 집에서 여럿이 모여 살았어요. 도무스의 1층에는 다양한 응접실과 방이 있었답니다.

조상 숭배

로마에서는 고대 시대 이전부터 조상을 위한 의식을 치렀습니다.
도시의 귀족들은 조상들의 흉상을 양손에 들고 초상화를 그리는 것을 좋아했답니다.

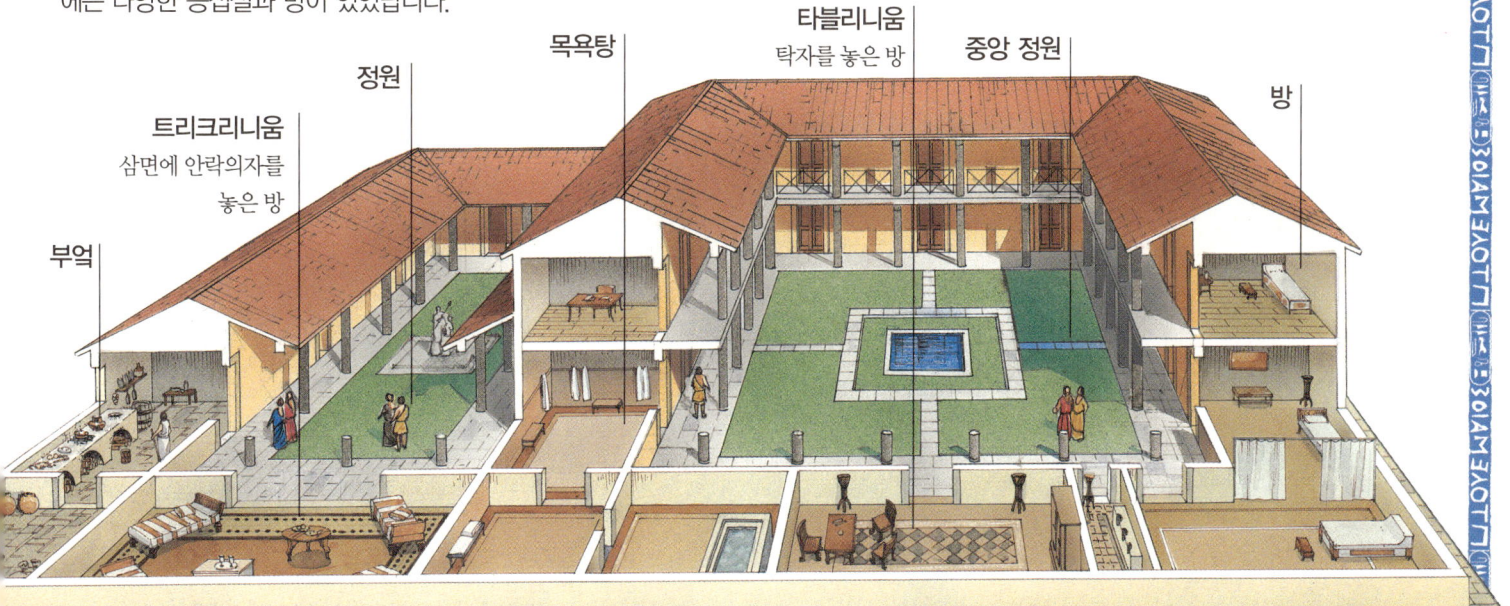

부엌 | 트리크리니움 (삼면에 안락의자를 놓은 방) | 정원 | 목욕탕 | 타블리니움 (탁자를 놓은 방) | 중앙 정원 | 방

 그림 속 탐험 여행

그리스에서 민주 정치가 발달하다

우리는 흔히 권력을 차지하기 위한 개인적인 욕심 때문에 다툼이 일어나는 것이라고 여깁니다. 그러나 그리스와 로마에서의 정치적 갈등은 사회적인 대립 때문에 일어난 것이었답니다.

기원전 7세기의 그리스에서는 불평등한 토지 분배 문제와 농민들을 괴롭히던 빚 문제가 크게 불거져서 정치적 다툼이 심해지고 사회적 갈등이 깊어졌습니다. 그리스인들은 이를 해결하기 위해서 귀족들이 더 이상 횡포를 부리지 못하도록 문자로 기록된 확실한 법률을 만들 필요성을 느꼈어요. 당시에는 법전도 없었고, 일부 귀족들이 재판을 맡아 독단적으로 판결을 하는 문제가 심각했거든요. 결국 귀족 공동체는 주요 인물 몇몇을 임명해서 그들에게 법률을 제정하라는 임무를 맡겼습니다. 입법관이라고 불렸던 그들 중에는 아테네의 유명 인사인 솔론도 포함되어 있었답니다.

그러다 귀족들 사이에서도 대립과 분열이 일어나자 폴리스 전체에 절대적인 권력을 행사하는 참주가 등장했습니다. 기원전 6세기에 아테네에는 페이시스트라토스*라는 참주가 등장해서 독재 정치를 휘둘렀는데, 이를 참주 정치라고 부릅니다.

페이시스트라토스가 죽고 나서 권력을 잡은 클레이스테네스는 폴리스를 100개의 소규모 지역 단체로 나누는 개혁을 단행했어요. 이 소규모 지역들은 다시 10개의 지역 부족으로 나누었습니다. 각 지역 부족들은 아테네 의회에 50명의 대표자를 참가시킬 수 있었답니다. 그렇게 해서 아테네 의회(불레 회의)는 500명의 시민 대표로 구성되었죠. 다시 말해 아테네 의회는 출신 부족의 대리 권한을 가진 조직으로 구성되었던 것입니다.

중요한 사실은 각 부족에서 의회에 보낸 50명의 대표들은 지역 단체의 시민들 중에서 선출된 사람들이었고, 대표자 수는 지역 단체에 소속된 시민들의 수에 비례해서 정해졌다는 점입니다. 즉, 지역 단체의 규모에 따라 대표단의 규모가 클 수도 있었고 작을 수도 있었어요.

폴리스를 지역 단위로 구분하는 방법은 매우 탁월한 것이었습니다. 초기 그리스나 로마에서는 부의 분배라는 측면에서 지역을 구분했는데, 아테네에서는 귀족이나 부자들뿐만 아니라 모든 시민들을 배려해서 지역 단위로 구분했습니다.

민주주의 지도자였던 에피알테스는 귀족들에게 엄청난 특권을 부여했던 기존의 제도를 고치는 개혁을 단행했습니다. 특히 귀족들의 회의인 아레오파고스 회의의 힘을 약화시키고, 불레 회의와 모든 시민이 참여하는 의회는 강화하도록 법을 수정한 것입니다. 그러나 에피알테스는 기원전 461년에 살해당하고 말았답니다.

하지만 그의 뒤를 이은 페리클레스 시대(기원전 460년~기원전 429년)에는 아테네의 민주 정치가 거의 완벽한 형태를 갖추게 됩니다.

귀족 출신의 민주 정치가이자 뛰어난 웅변가였던 페리클레스는 아테네 의회 참가자들을 재판관과 사법관으로 임명했습니다. 덕분에 가난한 시민들도 폴리스에 의해 심판관(배심원)에 임명되면 하던 일을 중단하고 의회로 갈 수 있었답니다.

이 시기에 아테네의 민주 정치가 무르익었다는 사실을 확실히 증명해 주는 일이 있었습니다. 그것은 바로 페르시아 전쟁으로 무너진 아크로폴리스 언덕의 성벽을 재건할 때 아크로폴리스를 아테네의 상징으로 삼은 일입니다.

* 페이시스트라토스 : 고대 그리스 아테네의 정치가입니다. 그는 비록 독재를 했지만, 그가 참주로 있었을 때 아테네는 '황금시대'라는 칭송을 받았답니다. (옮긴이)

정치

민주주의

민주주의를 뜻하는 데모크라시라는 말은 그리스 어의 '데모크라티아(demokratia)'에서 나온 말로 본래 '시민의 권력'이라는 뜻입니다. 이때 '데모'는 가장 낮은 계급에 속하는 시민으로 한 개인을 가리키는 말이랍니다. 기원전 5세기 아테네에서는 최고의 지배권을 가진 평의회에 시민 전체가 동등한 자격으로 참여해서 국가 공동체(폴리스)의 모든 활동을 결정했는데, 이러한 정치 체제를 '데모크라티아'라고 불렀습니다. 이것이 오늘날 민주주의 정치를 뜻하는 말이 된 것입니다.

도편 추방제

아테네에는 기원전 508년 클레이스테네스가 도입한 독특한 민주주의 제도가 있었습니다. 해마다 정기 회의가 열릴 때 시민들은 한자리에 모여 도자기 파편에 시민들 가운데 한 사람의 이름을 적어 냈어요. 만일 6,000명 이상에게 표를 받은 사람이 나올 경우 그 사람은 10년 동안 아테네에서 추방되었답니다. 이것이 바로 도편 추방제입니다. 도편 추방제는 절대적인 권력을 갖고 싶어 하는 것으로 의심되는 사람을 추방함으로써 독재 정치를 막기 위한 제도였답니다.

페리클레스

정치가인 페리클레스는 기원전 5세기에 아테네가 완벽한 민주주의를 이룩하고 여러 폴리스들 중에서 최고의 지위에 오르도록 이끈 인물입니다. 물론 페리클레스 외에도 그리스에는 아테네 인이었던 밀티아데스, 테미스토클레스, 키몬과 같은 인물과 테베 인이었던 에파메이논다스와 같은 위대한 인물들이 있었습니다.

로마에서는 티베리우스와 가이우스 그라쿠스 형제가 시민의 권리를 보호하기 위해 죽을 때까지 투쟁했답니다. 그 외에도 스키피오, 마리우스, 술라, 폼페이우스, 카이사르, 키케로, 안토니우스, 옥타비아누스 아우구스투스, 아드리아누스 황제, 디오클레티아누스 황제, 콘스탄티누스 황제도 로마의 위대한 정치가들이었습니다.

S.P.Q.R.

S.P.Q.R은 '세나투스 포풀루스케 로마누스(Senatus Populusque Romanus)'를 줄인 말로, '로마의 원로원과 시민'이라는 뜻을 지닌 말입니다. 로마가 어떤 나라인지 보여 주는 말로, 국가의 정체성과 우월성, 그리고 로마 시민의 자부심을 표현한 것이랍니다.

로마의 원로원

로마의 원로원은 로마의 정치에 대하여 의견을 제시할 수 있는 장소였습니다. 원로원 회의는 건국 당시부터 로마 시대 내내 존재했습니다. 초기에는 귀족들이 참여했지만 점차 다양한 계급의 시민들이 참여하게 되었어요. 정복 활동으로 로마 제국이 커진 이후에는 전제 군주에 반대하고 공화정을 지지하는 세력과 독재 체제를 지지하는 세력이 병립하며 정치를 이끌어 나갔답니다.

그림 속 탐험 여행

종교와 축제로 하나가 된 그리스 인

페리클레스가 이끌던 무렵의 아테네는 경제적으로도 상당히 풍요로웠습니다. 그렇게 풍요와 안정이 오랫동안 유지되다 보니 사상이나 철학 등도 발전했답니다. 자연과 함께하는 삶의 필요성이나 윤리 규범 등에 대한 새로운 사고방식이 생겨났습니다. 또 지식을 사랑하는 철학자들은 신들의 이야기를 다루었던 신화가 이 세상의 기원에 어떤 역할을 했는지를 고민하면서 이성적인 해답을 찾으려고 노력했어요.

이 시기에는 예술 분야도 최고의 전성기를 맞았습니다. 조각가들은 영원히 남을 아름다움을 표현하려는 듯 대리석과 청동으로 인간의 몸을 완벽하게 재현한 조각상을 만들었어요.

그리스에는 아테네 외에도 다양한 정치 공동체들이 있었습니다. 그중에서도 스파르타*는 아테네의 민주 정치와 완전히 반대되는 극단적인 과두 정치를 시행하고 있었습니다. 과두 정치란 몇몇 사람이나 집단이 사회 안에서 정치적 힘이나 경제력을 독점하고 마음대로 하는 정치를 말합니다. 자유롭고 민주적인 분위기의 아테네 정치 체제와는 전혀 다른 모습을 보였는데, 이는 스파르타와 아테네의 정치적 상황이 다르기 때문이었답니다. 다수의 노예들을 지배해야 하는 상황이었던 스파르타에서는 무엇보다 시민들의 단결이 제일 중요했던 것입니다.

이처럼 그리스는 정치적 상황이 다양한 만큼 폴리스 개개의 정치적 특징도 매우 다양했습니다. 하지만 정치적으로 분열되어 있었던 것과는 다르게 종교와 문화, 예술 분야에서는 완전히 단결된 모습을 보여 주었어요. 주요 종교 축제에 참여한 거대한 시민 단체의 모습만 봐도 이들이 얼마나 단합되어 있었는지 알 수 있습니다.

그리스 인들은 지구상에서 가장 유명한 의식이자 행사인 올림픽 경기를 최초로 개최한 사람들입니다. 그들은 올림픽 경기에 참여하기 위해 오랜 기간에 걸쳐 많은 노력을 했습니다.

그뿐 아니라 연극에 대한 관심도 점점 더 커졌어요. 디오니소스 축제가 열릴 때마다 다양한 공연을 열어 경쟁하고 최고의 작품을 가려내기도 했답니다.

* 스파르타 : 고대 그리스에서 큰 영향력을 발휘했던 폴리스 중 하나입니다.

파르테논 신전 정문의 '아프로디테와 아르테미스의 무릎 위에 있는 레토'

아테네에 있는 대부분의 신전에는 기원전 5세기 페이디아스가 조각한 신들의 조각상이 놓여 있어요. 이 조각상들은 아테네 인들의 자유를 표현하기 위해 만들어졌답니다.

예술

고전 예술

그리스의 예술과 건축은 조화와 우아함이 특징입니다. 그리스 예술가들은 이집트와 근동아시아 예술가들이 지켰던 규칙이나 기준을 따르지는 않았어요. 그 대신 동상을 만들 때는 비율의 원칙에 따라 물리적인 형태와 선을 표현해 실물처럼 표현했습니다. 그리고 신전에는 수많은 조각상을 안치하는 데 집중했어요.

그리스 예술에서는 건축물을 지을 때 조각상 놓을 공간을 미리 정해 둔답니다. 그러므로 건축 작업과 조각 작업을 모두 고려해서 건축물을 세워야 했어요. 조각상은 크기가 실물만 한 것도 있고, 그보다 더 크거나 작은 것도 있었답니다.

기둥의 양식

위부터 차례대로 도리아식(위), 이오니아식(가운데), 코린트식(아래)으로 만들어진 기둥의 모습입니다. 기둥머리를 주두라고 하는데, 양식이 변화함에 따라 점차 화려해졌습니다.
건축물에 통일성을 주고 기둥 자체가 우아해 보일 수 있도록 기하학적인 원리와 비율 계산을 통해 기둥의 형태를 결정했답니다.

트라야누스 기둥

기원후 113년 로마에서 건설되었습니다. 이는 로마 인들이 전쟁에서 승리한 기쁨을 예술로써 표현한 것이었어요.

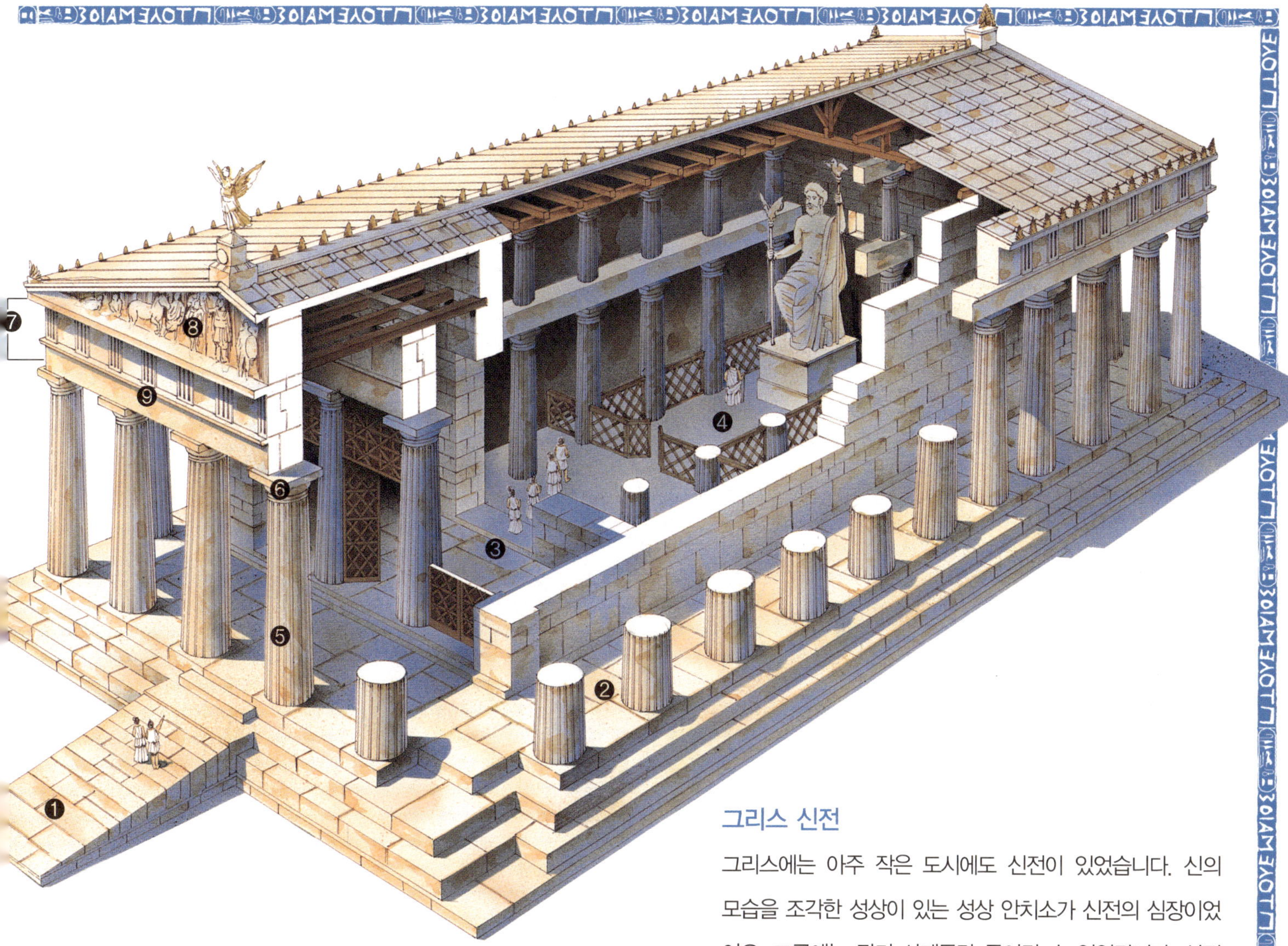

그리스 신전

그리스에는 아주 작은 도시에도 신전이 있었습니다. 신의 모습을 조각한 성상이 있는 성상 안치소가 신전의 심장이었어요. 그곳에는 관리 사제들만 들어갈 수 있었답니다. 신전의 각 부분은 모두 정확한 비율에 따라 크기를 정하고 형태를 만들었습니다.

❶ 진입 램프
❷ 페리스타시스 : 외벽과 기둥 사이의 회랑입니다. 그리스의 신전은 외벽과 내벽, 2개의 벽이 있어서 실제 신전 내부 공간은 그다지 크지 않았습니다.
❸ 신전 출입구
❹ 나오스 : 성상 안치소입니다. 신전의 안쪽에는 각 폴리스마다 숭배하는 신의 동상이 안치되어 있었어요. 파르테논 신전에는 지혜의 여신 아테나의 동상이 있었는데, 로마 제국이 콘스탄티노플로 옮겨 간 이후 사라져 버렸답니다.
❺ 기둥 : 기둥은 크게 기둥머리(주두)와 기둥몸(주신), 기둥뿌리(주추)로 나뉩니다. 그리스의 건축 양식은 기둥머리의 변화에 따라 구분됩니다.
❻ 기둥머리 : 도리아식 기둥머리입니다. 육중한 기둥몸 위에 단순한 돌 원반을 얹은 형태입니다. 이오니아식 기둥머리는 소용돌이 문양으로 장식했으며, 코린트식 기둥머리는 멋진 아칸서스 잎을 새겼답니다.
❼ 엔타블레이처 : 기둥 위에 걸쳐 놓은 수평의 띠 장식 집합체입니다. 맨 위의 처마 장식인 코니스와 기다란 수평 띠를 이루는 프리즈, 처마 도리인 아키트레이브로 이루어집니다. 수평 띠 부분에는 일정한 간격마다 세 줄로 된 홈을 새겨서 무늬를 만들기도 했습니다.
❽ 페디먼트 : 삼각형 지붕의 아랫부분은 숭배하는 신에 관한 이야기를 새긴 조각들로 장식했습니다. 아테나를 숭배했던 파르테논 신전의 페디먼트에는 제우스의 머리에서 탄생하는 아테나의 이야기가 새겨져 있습니다.
❾ 아크로테리온 : 지붕 모서리 장식입니다. 페르시아의 영향을 받은 것으로 보입니다.

조각 벽화

트라야누스 기둥에는 길이 200미터 이상의 벽화가 조각되어 있습니다. 벽화에는 트라야누스 황제가 다키아 인들과의 전투에서 승리하는 모습이 새겨져 있습니다.

예술

축제 속에 탄생한 그리스 문학

그리스 문학은 호메로스와 헤시오도스, 그리고 많은 서정 시인들이 남긴 영웅의 서사시가 주류를 이룹니다. 호메로스는 《일리아드》와 《오디세이》를 써서 위대한 그리스 영웅의 이야기를 시로 노래했어요. 헤시오도스는 우주의 기원과 농민들의 고단한 삶을 이야기했습니다. 다른 서정 시인들은 주로 자신의 마음에서 우러나오는 열정을 노래했습니다.

기원전 5세기에는 그리스에서 위대한 극작가들이 탄생했어요. 일반 대중은 연극 공연에 참가하기도 하고, 올림픽 경기에 참가해서 누구나 대등한 자격으로 경쟁을 했답니다.

올림픽 경기

기원전 7세기부터 펠로폰네소스에서는 4년에 한 번씩 올림픽 경기가 열렸습니다. 여기에는 그리스의 시민들과 그리스 식민지의 시민 전체가 선수 자격으로 참여했습니다. 그리스와 그리스 식민지는 경기가 열리는 동안에는 평화 관계를 유지했답니다. 선수들은 기마 경기와 육상 경기, 그 외에도 다양한 경기에 참여했습니다.

연극

그리스에는 아름다운 비극을 남긴 유명한 작가들이 있습니다. 바로 아이스킬로스, 소포클레스, 에우리피데스입니다. 이 세 사람을 그리스의 3대 비극 시인이라 일컫는답니다. 아리스토파네스는 그리스의 유명한 희극 작가입니다. 그리스 사회를 풍자하는 작품을 많이 남겼습니다. 플라우투스는 기원전 3세기부터 기원전 2세기까지 활동한 로마의 희극 작가랍니다.

검투사들의 대결

로마 인들은 잔인한 구경거리를 좋아했습니다. 검투사들을 대결시켜 싸우게 했죠. 검투사들은 다쳐서 피를 흘리거나 죽기도 했답니다. 이같이 잔인한 공연은 공화정이 끝난 직후인 기원전 1세기경에 더욱 성행했어요. 당시 수많은 로마 시민들이 일자리를 잃었기 때문에 그들을 달래 주기 위해서 말이에요.

미론의 원반 던지는 사람

기원전 5세기부터 기원전 4세기까지 그리스 조각가들은 전쟁 영웅과 운동선수의 조각상을 만들었어요. 당시에 전쟁 영웅과 운동선수들은 신처럼 떠받들어졌답니다.

그림 속 탐험 여행

창과 방패를 들었던 용감한 시민들

그리스와 로마에서는 대토지를 소유한 부자이면서 가족 중 누군가가 군사력을 휘두를 수 있는 힘을 가지고 있다면 그들은 정치계에서 시민으로서의 완벽한 권리를 행사할 수 있었어요. 시민이라는 신분은 국가에 소속된 군인과 같았습니다.

그리스와 로마는 초기 귀족 세력에 맞서는 신흥 부유층이 생겨나는 과정에서 사회가 크게 발전했는데, 이것은 전투 기술의 변화와 밀접한 관련이 있답니다. 초기 그리스의 전쟁은 주로 귀족 중심의 소수 기병대에 의지했어요. 그런데 식민 도시를 건설하면서부터 전투용 무기를 장만할 수 있을 정도로 경제력이 있는 시민들이 증가했습니다. 그 결과 기병 중심에서 보병 중심으로 전투 기술이 변화하게 되었답니다. 즉, 보병대에 이들 신흥 계급의 기사를 참가시켜 전략을 세우게 된 것이지요.

기원전 7세기에는 창병*을 네모꼴로 배치하고 그 가운데에 장갑 보병*을 투입하는 형태의 전략을 세웠습니다. 이것은 매우 혁신적인 전술이었습니다. 또한 시민들 한 사람 한 사람이 군인으로서의 의무를 지는 동시에 정치적인 목소리를 낼 수 있는 계기가 되기도 했답니다.

이처럼 신흥 부유층은 귀족들과 힘을 합쳐 국가의 일을 책임지기도 하고, 정치 참여권을 두고 대립하기도 하면서 그리스와 로마 사회를 발전시켜 나갔어요.

로마는 기원전 5세기 중반 이후부터 보병대를 육성하는 정책을 폈습니다. 그러기 위해 로마는 재산 정도에 따라 시민들을 5계급으로 나누었습니다. 그중에서 도시의 귀족과 기사 밑의 상위 세 계급은 중보병을 맡았고, 최하위 두 계급은 경보병을 맡았습니다. 이렇게 전쟁에서 눈부신 활약을 펼쳤던 시민군이 직업 군인으로 일할 수 있게 된 때는 아우구스투스가 군주가 된 기원후 1세기 초반이랍니다.

로마 시민군의 수는 약 30만 명이었으며, 비정규군과 보조군에서 선발했습니다. 그러다가 자원해서 입대한 사람도 군인으로서 경력을 쌓을 수 있게 되었습니다. 이들의 군 복무 기간은 최소 20년이었답니다.

로마 군대는 큰 힘을 발휘하여 기원전 2세기부터 꾸준히 영토를 정복해 나갔고, 로마 사회를 변화시키는 데도 큰 역할을 담당했습니다. 그러나 민주적이고 개방적이었던 로마의 공동체 사회는 이후에 커다란 위기를 맞게 됩니다. 공화정의 귀족들은 시민들이 힘을 모아 이끌어 낸 새로운 체제에 반감을 갖고 있었던 것입니다. 그들은 로마 시민들을 자신들의 발아래 굴복시키려는 욕심을 품고 있었어요. 시민들이 원한 것은 오직 정당한 권리뿐이었는데도 말입니다. 마침내 더 큰 권력을 원하는 자들에 의해 공화정은 끝이 나고 왕이 통치하는 군주제와 제국주의가 로마를 뒤덮게 되었답니다. 이 시기부터 로마는 단일 정치 체제를 유지했어요.

기원후 2세기 초, 트라야누스가 황제의 자리에 올랐을 때 로마는 역사상 최대의 영토를 확보하게 되었습니다. 그 결과 그리스 양식과 로마 양식이 합쳐진 문화가 탄생하게 되었답니다. 그것은 기원전 4세기에 알렉산드로스 대왕의 정복 전쟁에 의해 그리스의 예술과 문화가 전 유럽과 오리엔트 지역에 널리 퍼졌기 때문입니다. 로마 인들은 라틴 어를 중심으로 유럽 각 지역의 문화를 동일하면서 제국을 만들어 나갔습니다. 유럽 각 지역이 서로 문화적인 유사성을 보이는 것은 바로 이 때문입니다. 하지만 그리스 어를 중심으로 하는 오리엔트 제국은 자신들의 문화에 대한 자부심을 간직하고 있었답니다.

* 창병 : 창을 쓰는 병사
* 장갑 보병 : 창과 칼, 방패와 갑옷 등 각종 보호 장비를 갖춘 병사

정치

위대한 영웅들이 탄생했어요

그리스와 로마 군대의 특징은 엄격한 명령과 시민들의 높은 애국심입니다. 이들 군대에는 위대한 지도자와 수많은 영웅담을 만들어 낸 주인공들이 있었어요. 아테네 군대는 막강한 페르시아 군대와 맞서 싸웠어요. 그리고 로마 군대는 그들이 알고 있던 세상의 대부분을 정복해 로마 인이 엄청난 수의 노예들을 부리고 부를 누리도록 해 주었습니다. 로마에 호화로운 물건과 음식들이 넘쳐날 수 있었던 것은 모두 막강한 군대 덕분이었답니다.

알렉산드로스 대왕
기원전 4세기 마케도니아의 왕이자 고대 유럽의 위대한 정복자입니다. 페르시아의 다리우스 3세가 이끄는 군대를 무찔러 페르시아 제국 전체를 장악했습니다.

장갑 보병
오플론티스에서는 단단하고 둥근 이중 방패를 왼쪽 팔에 끼고 다니는 그리스 보병을 장갑 보병이라고 불렀습니다. 이들은 무거운 창과 검뿐 아니라 전투모와 갑옷, 팔 보호대 같은 보호 장비까지 착용했답니다.

로마 군단
로마의 모든 군단은 세 개의 분단으로 정렬했습니다. 기병대는 적군에게 포위되지 않도록 양 옆에서 지원을 했어요. 하나의 분단은 다시 열 줄씩 나뉘었는데, 열과 열 사이에는 창이나 화살을 던지는 군인들이 지나갈 수 있도록 통로를 비워 두었답니다.

분단의 정렬
첫 번째 분단에는 투창과 검을 든 젊은이들이 섰습니다. 두 번째 분단에는 덩치가 좋은 군인들이 첫 번째 분단과 같은 무기를 들고 섰어요. 그리고 마지막 분단에는 나이가 많은 군인들이 창을 들고 섰답니다.

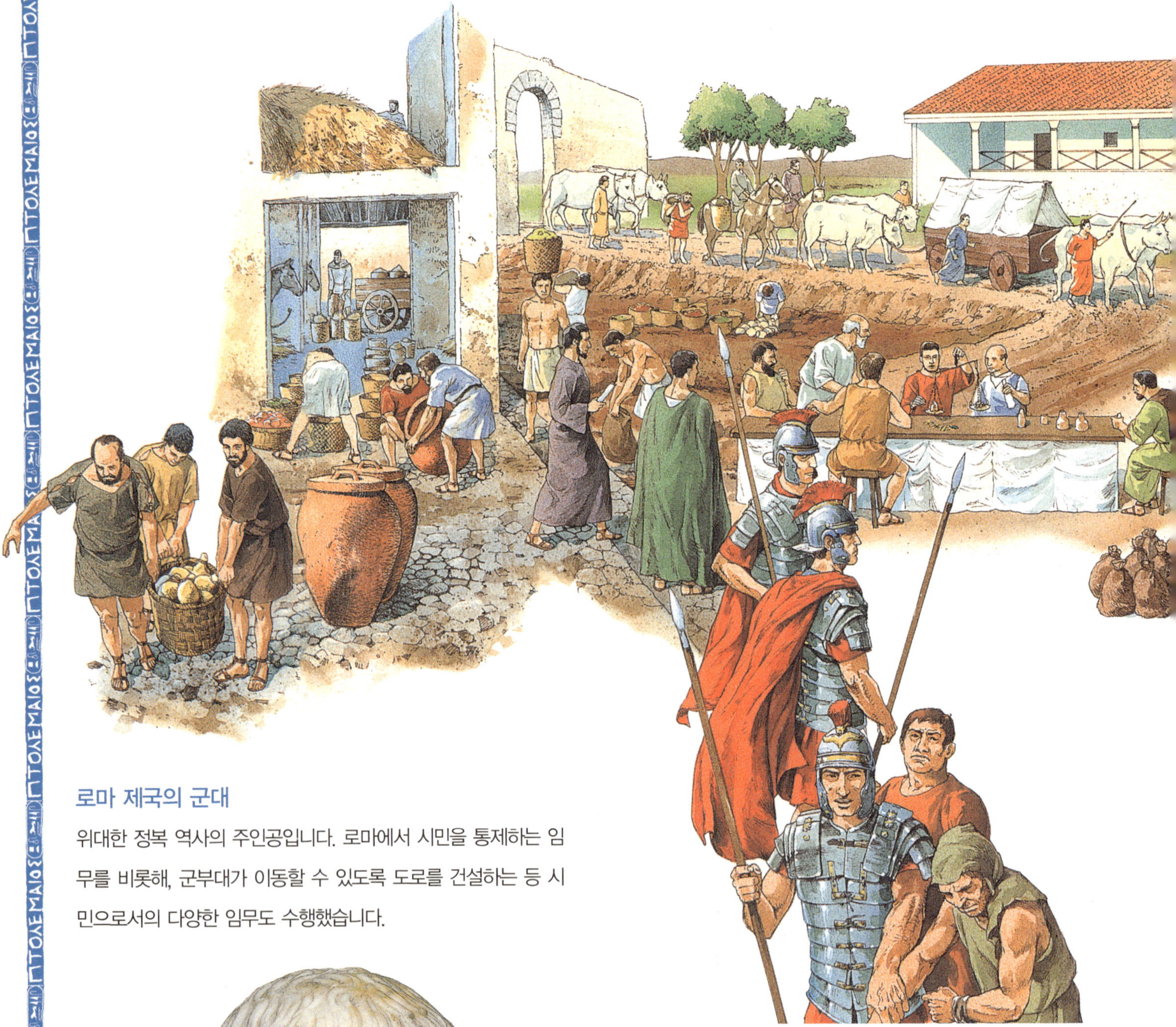

로마 제국의 군대

위대한 정복 역사의 주인공입니다. 로마에서 시민을 통제하는 임무를 비롯해, 군부대가 이동할 수 있도록 도로를 건설하는 등 시민으로서의 다양한 임무도 수행했습니다.

로마의 조세 제도

황제에게 소속된 지역(국유지)에서는 군대 유지를 위해 수입금을 로마의 국고로 보냈습니다. 하지만 원로 귀족이 소유하고 있는 지역의 수입은 민간 행정을 위해 사용되었답니다.

율리우스 카이사르

기원전 59년, 로마의 집정관에 임명되었습니다. 그는 로마 원로원의 권력에 반발하여 로마의 정치가 공화정에서 제정으로 바뀌는 데 큰 역할을 했어요. 그는 또한 갈리아 지방과 브리타니아를 정벌한 용맹한 장군이기도 했답니다.

정치

광대한 로마 제국

마케도니아 제국과 로마 제국의 통합은 지중해 문명에 활기를 불어넣었습니다. 마케도니아의 알렉산드로스 대왕은 기원전 4세기에 페르시아 제국을 통합했어요. 로마의 트라야누스 황제는 영토를 브리타니아에서 북아프리카까지, 스페인에서 시리아까지 최대로 확장했습니다. 이로써 약 1억 명에 이르는 사람들이 로마의 통치를 받게 되었답니다. 로마는 각 지역의 물자를 원활하게 수송하기 위해 제국 곳곳에 도시를 건설하고 도로를 만들었습니다. 그 길은 현재 독일의 쾰른과 레겐스부르크까지 이어질 정도로 촘촘하게 연결되어 있어서 '모든 길은 로마로 통한다'는 말까지 생겨났지요. 이 시기를 '팍스 로마나(로마의 평화)'라고 부른답니다.

로마가 건설한 도시들

론디니움 : 영국의 런던입니다. 브리타니아를 정복한 로마는 이곳에 로마식 도시를 건설했어요. 켈트 족들의 소택지를 '린딘'이라고 부른 것을 따서 라틴 어로 '론디니움'이라고 불렀답니다.

콜로니아 : 독일의 쾰른입니다. 본래는 이곳에서 태어난 황후를 기리기 위해 '콜로니아 클라우디아 아라 아그리피넨지움'이라는 긴 이름을 붙였어요.

루테티아 : 프랑스의 파리도 로마가 건설한 도시입니다. 파리라는 명칭은 이 지역에 살던 '파리시(parisii)'라는 부족의 이름을 따 붙인 것입니다.

비잔티움 : 터키의 수도 이스탄불입니다. 콘스탄티누스 황제가 수도를 이곳으로 옮기면서 콘스탄티노플로 불리기도 했어요. 동로마 제국이 존속할 동안 그리스도교 문화권이었으나 튀르크 제국이 지배하면서 이슬람 문화가 전파되었어요.

마실리아 : 프랑스 항구 도시 마르세유입니다. 그리스의 식민 도시였다가 기원전 2세기경부터 로마의 지배를 받게 되었습니다.

네아폴리스 : 이탈리아의 항구 도시 나폴리입니다. 역시 그리스의 식민 도시였으나 로마로 편입되었답니다.

알렉산드리아 : 이집트에서 카이로 다음 가는 큰 도시입니다. 알렉산드로스 대왕이 건설한 도시지만 로마 제국 당시에도 큰 번영을 누렸습니다. 고대 세계에서 제일 큰 도서관이 있었습니다.

가데스 : 스페인의 카디스입니다. 페니키아 인이 개척한 오래된 고대 도시로, 로마 제국 당시 대도시였던 것으로 보입니다. 로마 제국의 야외 원형 극장이 지금도 남아 있답니다.

오스티아

제정 시대 로마의 오스티아 항구에는 전국에서 흘러 들어오는 상품들과 사람들로 북적였습니다. 당시 로마 제국 곳곳에서 온 사람들이 모여서 약 100만 명이 이 항구 도시에 거주했답니다.

거래 상품

북유럽과 오리엔트 제국에서 보석인 호박과 모피가 들어왔어요. 아프리카에서는 금, 밀, 고급 목재, 상아가 들어왔습니다.

국경

로마군의 첫 번째 임무는 야만인이라 불리던 여러 부족들로부터 제국의 국경선을 지키고 방어하는 일이었습니다. 당시 유럽에서 가장 위험한 국경선은 도나우 강과 브리타니아의 국경선이었어요. 오리엔트 지역에서는 고대 페르시아의 후계 민족인 파르티아 인들이 로마의 가장 위험한 적이었답니다.

하드리아누스 방벽

하드리아누스 방벽은 기원후 122년부터 128년까지 로마군이 축조했어요. 픽트 족을 몰아낸 후, 브리타니아로부터 제국의 북방 국경선을 보호하기 위해 만든 것이랍니다. 바위로 단단하게 벽을 쌓고 문과 감시용 창을 달았습니다.

그림 속 탐험 여행

로마 제국의 멸망

기원후 1세기부터 로마에는 평화의 시대가 찾아왔습니다. 신비로운 동방의 문명에서 전파된 사상과 종교도 로마 사회를 안정시키는 데 큰 영향을 끼쳤어요. 즉, 새롭고 올바른 사회에서 인간은 재탄생할 수 있다고 가르쳤답니다.

당시 로마에 들어온 종교 중에는 이집트 여신인 이시스를 숭배하는 이시스교도 있었고, 이제 막 전파되기 시작한 그리스도교도 있었습니다. 그리스도교는 한동안 로마에서 박해를 받았지만 콘스탄티누스 황제 때 신앙의 자유를 얻은 이후로 로마의 국교가 되었답니다.

그리스도교의 국교화로 수많은 속주들의 다양성과 이질성을 인정하던 로마의 합리적인 정치 체제가 흔들리기 시작했습니다. 이로 인해 고대 세계에서 제일 큰 도서관이었던 이집트의 알렉산드리아에 있는 도서관도 이교도의 사원이라는 이름으로 파괴됩니다.

이 무렵 로마는 외적으로도 격변의 시기를 맞이하게 되는데, 게르만 족의 대이동이 바로 그것입니다.

기원전 1세기 율리우스 카이사르 때부터 로마 인들은 게르만 족을 의식하기 시작했어요. 하지만 이제 그들은 로마 제국의 북방 국경선 근처에 정착해 살면서 로마 인들과 팽팽한 신경전을 펼치게 되었습니다.

사실 이들 게르만 족들이야말로 유럽 고대사 말기의 주인공이었어요. 로마를 멸망시키고 중세라는 새 시대를 여는 역사의 주체로 등장했던 것입니다.

게르만 족은 훈 족, 아바르 족 등 중앙아시아에서 이주해 온 민족들에게 밀려 남쪽과 서쪽으로 대이동을 하게 되었습니다. 그러면서 점차 로마 제국의 영내로 들어와 거주하게 되었어요. 이때 로마는 군인 대부분을 게르만 족에 의지하고 있었기 때문에 그들을 몰아낼 힘도 없었답니다. 그 결과 로마-게르만 왕조가 성립하게 되었습니다.

게르만 족은 로마 제국의 영토 이곳저곳에 자신들의 왕국을 건설했습니다. 이베리아 반도에는 서고트 왕국이 세워졌고, 북부 아프리카 지역에는 반달 왕국이 들어섰습니다. 갈리아 지방에는 부르군트 왕국과 프랑크 왕국이 들어섰습니다. 그러다 마침내 기원후 476년 서로마 제국을 멸망시켰어요.

이 같은 과정 속에서 새로 이주한 게르만 민족과 기존에 거주하고 있던 로마 인들 사이에 민족의 융합이 일어났습니다. 그리고 문화적인 융합도 생겨났어요. 게르만 족 대부분은 로마의 종교를 받아들여 그리스도교인이 되었습니다.

유스티니아누스 황제 부부의 그림

게르만 족의 침입으로 서로마 제국은 멸망했지만, 동로마 제국의 역사는 달랐답니다. 동로마 제국은 유스티니아누스 황제 때 활발한 정복 전쟁을 펼쳐 다시 한 번 로마의 부흥을 이루었어요. 그리고 〈로마법 대전〉을 편찬하는 등 강력한 황제 중심의 국가를 만들어 나갔답니다. 동로마 제국은 1453년 오스만 튀르크에 멸망당했어요.(19세기)

그들은 로마의 문화를 완전히 말살하지는 않았습니다. 하지만 로마 사회를 지탱하고 있던 경제적 제도적인 중심은 완전히 무너지고 말았어요. 농촌은 도시에게 빼앗겼던 경제적 정치적 자치권을 찾아가기 시작했습니다. 그리고 대토지를 소유한 귀족과 노예라는 관계는 농노와 신귀족(영주)이라는 새로운 관계로 바뀌어 갔답니다.

전쟁

민족의 대이동이 시작됐어요

기원후 4세기부터 6세기까지 많은 민족들이 자신들이 살던 땅을 떠나 다른 곳으로 이주했어요. 그런 중에 다른 제국의 영토로 들어오는 일들도 있었습니다. 그래서 유럽의 인종과 정치에도 커다란 변화가 생겼답니다. 물론 대부분 잔인하고 폭력적인 전쟁 때문에 이주를 하는 경우가 많았어요. 브리타니아는 주트 족과 앵글로 족, 색슨 족의 침입을 받았어요. 서고트 족과 동고트 족, 그리고 랑고바르드 족은 이탈리아를 점령했습니다. 프랑크 족은 갈리아를 통합하고 피레네 산맥에서 도나우 강까지 영토를 확장했습니다.

훈 족

중앙아시아 유목민이었던 훈 족은 말을 타고 활을 쏘는 기술이 뛰어났습니다. 그리고 민첩한 움직임과 용맹함이 돋보였던 민족이랍니다. 훈 족은 기원후 4세기부터 아시아와 동유럽 역사의 주인공으로 떠올랐습니다. 훈 족의 왕 아틸라의 지휘 아래 그들은 게르만 족을 서쪽으로 밀어냈답니다.

게르만의 신화

게르만 신화는 영웅과 전사 들을 도와주는 반신반인인 발키리아 같은 신화 속 인물 때문에 유명해졌습니다. 게르만 신화 중에서도 특히 유명한 것은 '라인 강의 황금'이라는 신화입니다. 그 내용을 살펴보면 난쟁이족인 니벨룽겐들이 파프니르라는 용에게 신비한 힘을 지닌 반지를 지키게 했는데, 지그프리트 왕자가 용을 죽이고 반지를 얻는다는 이야기입니다.

발키리아

니벨룽겐

파프니르(용)

지그프리트

동게르만 족

일부 동게르만 부족은 4세기에 이미 로마 제국과 남러시아에 침투했습니다. 그 외에 다른 동게르만 부족들은 중앙아시아의 유목민들과 충돌했습니다. 이 부족들 중 동고트 족, 부르군트 족, 반달 족, 게피다이 족, 랑고바르드 족 등은 기마 전술을 갖추고 있었답니다.

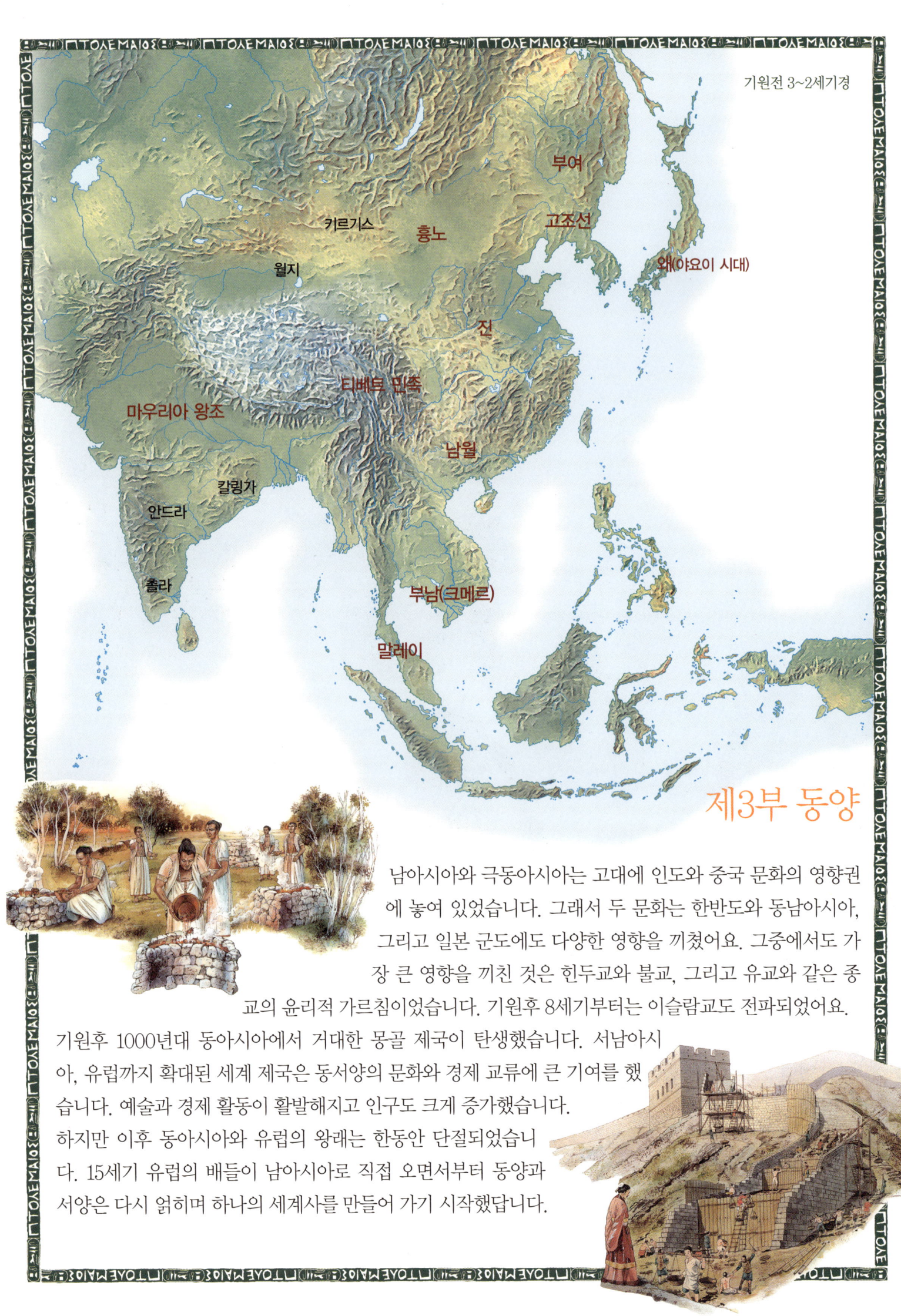

기원전 3~2세기경

제3부 동양

남아시아와 극동아시아는 고대에 인도와 중국 문화의 영향권에 놓여 있었습니다. 그래서 두 문화는 한반도와 동남아시아, 그리고 일본 군도에도 다양한 영향을 끼쳤어요. 그중에서도 가장 큰 영향을 끼친 것은 힌두교와 불교, 그리고 유교와 같은 종교의 윤리적 가르침이었습니다. 기원후 8세기부터는 이슬람교도 전파되었어요.

기원후 1000년대 동아시아에서 거대한 몽골 제국이 탄생했습니다. 서남아시아, 유럽까지 확대된 세계 제국은 동서양의 문화와 경제 교류에 큰 기여를 했습니다. 예술과 경제 활동이 활발해지고 인구도 크게 증가했습니다. 하지만 이후 동아시아와 유럽의 왕래는 한동안 단절되었습니다. 15세기 유럽의 배들이 남아시아로 직접 오면서부터 동양과 서양은 다시 얽히며 하나의 세계사를 만들어 가기 시작했답니다.

고대 동양 문명 연대표

기원전 3500년	중국에서 가장 오래된 고대 도시 리장을 건설함.
기원전 2500년	인더스 계곡에서 하라파와 모헨조다로 문명이 시작됨.
기원전 2333년	단군왕검이 고조선을 건국함.
기원전 1751년	은나라 건국. 이때부터 중국에서 청동기가 시작됨.
기원전 1500년	아리아 인이 인도의 북부를 침략해 인더스 문명이 붕괴됨.
기원전 1200년	인도에서 브라만교의 경전인 베다가 완성됨.
기원전 1111년	중국에서 주나라가 시작됨.
기원전 771년	유목 민족인 견융이 침입하여 중국 주나라의 수도를 장악함.
기원전 660년	진무 천황이 일본의 초대 천황이 됨.
기원전 614년	중국의 춘추 시대. 남쪽의 초나라가 전성기를 누림.
기원전 600년경	인도가 수많은 인도-아리아 인의 왕국으로 나뉨.
기원전 480년	부처가 사망함. 중국에서는 전국 시대가 시작됨.

기원전 479년	공자가 사망함.
기원전 324년	인도에 마우리아 왕조가 건국됨.
기원전 278년	중국의 전국 시대 7대 왕국 중에서 진나라가 가장 강성해짐.
기원전 270년	아소카 왕이 마우리아 왕조의 왕위를 계승함. 인도 제국의 영토가 최대로 확장됨.
기원전 221년	영정이 최초로 통일 중국의 황제가 되어 진시황제가 됨.
기원전 214년	중국에서 만리장성이 완성됨.
기원전 202년	중국에 한 왕조가 성립됨.
기원전 185년	인도의 마우리아 왕조가 여러 나라로 분열됨.

기원전 121~119년	흉노족이 중국에 패함.
기원후 67년	중국에 불교가 전래됨.
기원후 220년	중국의 한나라가 몰락하고 위·촉·오의 세 나라로 분열됨.
기원후 280년	사마염의 진(서진)나라가 중국을 재통일함.
기원후 310~350년경	중국 북부에 유목민의 통치가 시작됨.(5호 16국 시대)
기원후 316년	인도 북동부에 굽타 왕조가 세워짐.
기원후 372년	불교와 유교가 한국에 전파됨.
기원후 407년	고구려 광개토대왕이 백제와 후연 등을 굴복시키고 강대국으로 성장함.
기원후 419년	중국 남북조 시대. 남쪽에 송나라가 건국됨.
기원후 478년	중국의 남쪽에 제나라가 건국됨.
기원후 500년	인도의 굽타 왕조가 몰락함.
기원후 552년	일본에 불교가 전파됨.
기원후 589년	수나라가 중국을 재통일함.
기원후 618년	중국에서 당나라 시대가 시작됨.
기원후 645년	일본이 다이카 개신을 하여 중국을 따라 관료 정치 제도를 도입함.
기원후 676년	신라가 당나라를 몰아내고 한국 역사 최초의 통일 국가를 건설함.
기원후 712년	인도에 처음으로 무슬림 민족이 유입됨.
기원후 751년	탈라스 전투에서 이슬람 세력이 중국과 충돌함. 당나라군을 무찌름.

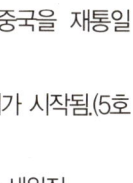

 지도로 배워요

고대 동양 문명을 꽃피운 민족들은 누구일까요?

인도의 인더스 문명

기원전 2500년경, 인도 반도의 북서쪽에 자리한 인더스 강 중하류 지역에서 인도의 첫 문명인 인더스 문명이 발생했습니다. 인더스 강을 따라 길게 펼쳐진 그 지역은 강물의 범람을 막기 위해 수많은 사람들이 수로 작업을 하면서 점차 농업이 발달하게 되었습니다. 그리고 점차 도시들이 생겨났어요. 그중에서도 하라파와 모헨조다로가 중심 도시가 되었답니다. 이 두 도시는 역사상 최초의 상업 도시로 성장한 곳이기도 합니다.

중국의 황허 문명

중국의 황허 문명은 세계 여러 문명 중에서 그 문화가 가장 오래 지속된 문명입니다. 이집트나 메소포타미아, 인더스 문명과 마찬가지로 황허 문명도 하천의 계곡에 기원을 두고 있습니다. 바로 중국 북부의 황허 강이랍니다. 중국의 역사는 기원전 2207년부터 기원전 1500년까지 세력을 떨쳤던 하나라에서부터 시작된 것으로 추정됩니다. 기원전 202년에서 기원후 220년까지는 한나라 왕조가 번성했어요. 이처럼 권력의 장악과 혼란의 시대가 교차하는 동안에도 중국은 정갈한 문화를 발전시켰어요. 그 결과 현재까지도 중국 고유의 경제적 사회적 정체성을 유지해 왔답니다.

인도-아리아 인

기원전 17세기 무렵, 호전적인 유목 민족들이 이란과 아프간 고원 지대에서 인도의 비옥한 평원 지대로 이주해 왔습니다. 이들은 인더스 강 유역의 하라파 문명과 모헨조다로 문명이 번성했던 지역들을 장악했습니다. 이들은 인도-유럽어족에 속하는 민족이랍니다. 아리아 인들은 고대에 인도뿐 아니라, 유럽과 근동아시아 등 대륙 각지로 이동했던 것입니다. 인도-아리아 인들은 말들이 끄는 전차를 사용해서 막강한 군사력을 키웠습니다.

대초원의 유목민들
몽골 전사

인더스 문명
모헨조다로

황허 문명
중국 전사

인도-아리아 인
인도-아리아 인 여성

실론 섬(스리랑카)

기원전 3세기, 현재의 스리랑카인 실론 섬에 인도에서 온 사절단이 불교를 소개했습니다. 이후 불교가 국교처럼 확산되었으나, 8세기 무렵에는 북인도에서 부흥한 힌두교가 남인도에도 전파되었습니다.

대초원의 유목민들

인도 북부와 중국 북서부에는 일부 유목 민족이 광활한 대초원을 누비며 살았습니다. 이 유목 민족들은 가축과 농작물을 기르고 거주용 건물도 지었어요. 그런데 기원전 9세기 무렵부터 약탈을 일삼기 시작했습니다. 이들은 수세기 동안 계속 이동했습니다. 훈 족이 서쪽으로 이동을 한 결과 게르만 족이 대이동을 하게 되어 서로마 제국이 붕괴되기도 했답니다. 또 몽골 민족은 유라시아를 침략해 대제국들을 멸망시키고 새로운 제국을 세우기도 했어요. 하지만 그리 오래 지속되지는 못했답니다.

일본 — 일본의 농부들

한국 — 활을 쏘는 한국 전사

동남아시아

기원전 1세기 후반, 로마 제국이 동양의 물건들을 필요로 하면서 인도의 상인들은 중계 무역을 하기 위해 동남아시아로 들어왔습니다. 당시 동남아시아는 인도 사람에게 '황금의 땅'이라고 불렸습니다. 이러한 과정에서 인도의 종교인 불교와 힌두교가 동남아시아에 전파되었습니다. 지금의 캄보디아에 있는 '앙코르 와트' 같은 석조 건축물이나 신전은 인도와의 교류를 보여 주는 좋은 예라고 할 수 있어요. 그러나 이 지역이 인도의 영향만 받은 것은 아닙니다. 한때 중국 왕조가 지배를 한 적도 있어서 중국 문화의 특성도 남아 있습니다.

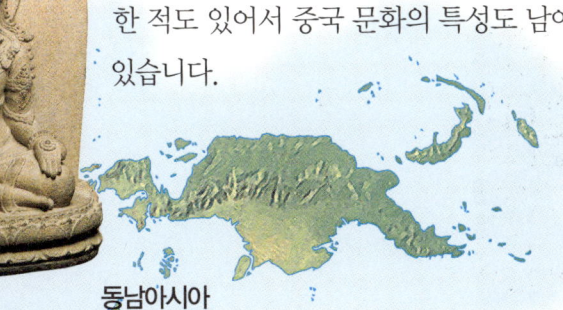

동남아시아 — 인도네시아의 신

일본

일본 열도는 한반도와 동북아시아 인들에 의해 문명화된 이후에도 오랜 세월 동안 외부와 단절된 채 지냈습니다. 일본에서 처음으로 나라가 세워진 것은 기원전 660년 진무 천황 때부터라고 알려져 있어요. 하지만 강력한 중앙 집권 국가는 그보다 훨씬 뒤인 기원후 7세기에 세워졌습니다. 중국이 분열의 시대를 끝내고 당나라가 들어서면서 문화를 발전시켜 주변 나라에 큰 영향력을 행사하던 시기입니다. 그러나 기원후 1000년부터는 왕실 귀족이 자리를 계승했습니다. 그러나 얼마 가지 못해 지방 세력들에게 권력을 빼앗기고 말았어요. 그래서 권력이 각지에 분산되는 소규모 지방 분권형 권력 구조가 형성되기 시작했고, 사무라이 전사들이 등장했답니다.

한국

고대 한국은 만주와 한반도를 지배하고 있었는데, 기원전 2333년 단군왕검이 건국한 고조선이 최초의 국가였습니다. 만주 남부와 한반도 중북부를 다스린 고조선은 청동검, 고인돌, 특별한 토기를 만들며 2천 년 넘게 번영을 누렸습니다. 하지만 한나라의 침입으로 기원전 108년에 멸망하고 말았답니다. 한반도 남쪽에서는 기원전 2000년 무렵부터 쌀농사를 시작하였으며, 북쪽에서는 콩, 기장, 수수를 생산했습니다. 고조선이 멸망한 후, 만주 중부 지역의 부여, 만주 남부와 한반도 북부의 고구려, 한반도 남서쪽의 백제, 남동쪽의 신라, 가야 등이 서로 경합했습니다. 고구려는 강력한 힘을 바탕으로 중국의 수나라와 당나라를 격파하였고, 백제는 중국의 문화를 받아들이는 한편 일본에 문화를 전파하는 스승의 나라가 됩니다. 가장 늦게 발전한 신라는 고구려와 백제를 멸망시키고, 한국 역사상 최초의 통일 국가를 세웠지요. 통일 신라는 한때 귀족들의 사치가 심해서 중국의 당나라에서 비단, 공예품, 자기 같은 것을 많이 수입했어요. 하지만 한반도의 모든 왕조를 통틀어 제일 많이 들여오려고 노력한 것은 책이었답니다. 이 같은 학문적 노력이 인쇄 기술의 발달을 가져와 세계 최초의 금속 활자를 만들기도 했답니다.

그림 속 탐험 여행

위대한 문명의 젖줄

근동아시아와 북아프리카의 하천 문명만이 충적지에서 농업을 발전시켰던 것은 아니었습니다.
기원전 4000년에서 기원전 3000년 사이에 남아시아에서도 최고의 농산물 수확량을 바탕으로 한 농업 사회가 나타났습니다. 바로 인더스 강 중하류를 따라 길게 펼쳐져 있는 광활한 계곡 지역에서입니다. 또한 극동아시아에서도 지금의 중국 북부 황허 강을 근원지로 한 황허 문명이 발생했습니다.

고고학자들은 인도의 고대 도시인 모헨조다로와 하라파가 기원전 3000년에서 기원전 2000년 사이에 엄청난 번영을 누렸다는 사실도 알아냈습니다. 그런데 인더스 강 유역에서 발생한 인도의 첫 문명, 즉 인더스 문명이 얼마 뒤에 알 수 없는 이유로 사라져 버렸답니다. 학자들은 지진이나 홍수와 같은 자연재해 때문이거나 사막화가 진행되어 농사가 어려워진 것은 아닐까 생각하고 있습니다.

고대 인더스 강 유역의 사람들도 메소포타미아 문명을 일으킨 사람들처럼 건물을 지을 때 진흙을 많이 사용했습니다. 그들은 진흙으로 벽돌을 만들었어요. 도시를 둘러싼 성벽들은 마치 진흙으로 만든 언덕 같았습니다.

인더스의 도시 문명은 배타적이지 않았습니다. 오히려 근동아시아의 메소포타미아 문명과 무역을 하면서 코끼리를 운송 수단으로 이용했고, '전차'와 같은 수레도 사용했습니다. 그뿐 아니라, 복합적인 관개 시설을 만들어서 보리, 밀, 깨, 대추야자와 같은 작물을 계단식 농법으로 재배했습니다.

중국에서도 북부와 남부 모두 강줄기를 따라 농업을 했습니다. 이를 위해 둑과 제방을 쌓고 수로를 깨끗이 유지하는 등 물과 관련된 일손이 꾸준히 필요했던 것으로 보입니다. 그래서 어떤 역사학자들은 중국에 하천 문명이 발생할 수 있었던 까닭은 고대 중국인들이 수로 작업에 참여하는 인력을 완벽하게 조직하고 통제했기 때문이라고 주장한답니다.

춤추는 소녀 청동상과 테라코타 짐 수레
모헨조다로에서는 위와 같은 예술품이 수백 점 발견되었습니다.

모헨조다로의 대욕장
벽돌로 쌓아 만든 공동 목욕장입니다. 규모가 작은 목욕장은 신관이나 지배자가 사용했던 것으로 보입니다. 모헨조다로의 유적은 당시 인더스 인들이 고도로 조직화된 사회를 이루었음을 보여 줍니다.

경제

동양의 농업

황허 강 유역에서 가장 먼저 중국의 문명이 발전했습니다. 황허 강 평원은 중국 동북부에 자리하고 있는데 황토로 뒤덮인 흙이 매우 기름져 곡식을 재배하기에 알맞았습니다. 그래서 기장을 비롯해 보리, 밀, 수수와 같은 건조 작물을 재배했습니다. 황허 강 유역에서 남쪽으로 내려오면 양쯔 강이 흐르는데, 이 지역은 습하고 폭풍이 잦으며 습지가 많은 탓에 건조 작물을 재배하기에 알맞지 않았습니다. 그러다 기원전 7500년경부터 습지 작물인 쌀의 재배가 시작되었습니다. 하지만 동남아에서 처음으로 경작한 곡식은 밀과 보리, 콩 종류였답니다.

기장

기원전 5500년 무렵, 기후가 건조한 황허 강 유역의 대평원에서는 여름철 더위와 겨울철 추위에도 잘 자랄 수 있는 두 종류의 기장을 심었습니다.

황토

황토는 누르스름한 모래 알갱이가 쌓여서 만들어진 흙입니다. 중국 북서부에 있는 고비 사막의 모래가 바람을 타고 날아왔는데, 이 모래가 강물에 섞여 황허 강 유역의 대평원까지 흘러들어 온 것입니다. 황토 때문에 강물이 누렇게 보였지만, 덕분에 땅이 비옥해져서 일찍이 기장을 심고 농사를 발전시킬 수 있었답니다.

벼

벼는 밀, 보리와 같은 종류의 볏과 식물입니다. 여름에는 비가 많이 오고 겨울에는 건조한 기후에서 주로 재배됩니다. 중국 중부 지역에서 생산된 쌀의 양은 아주 많았답니다. 그 지역의 엄청난 인구의 생계를 다 책임질 수 있을 정도로 말이에요. 하지만 북부 지역에서는 쌀의 생산량이 부족해서 중국의 다른 여러 지역과 꾸준히 접촉하며 물물 교환을 해서 생계를 유지했습니다.

동남아시아의 벼농사

광활한 면적의 동남아시아에서는 기원전 5000년경부터 쌀을 재배하기 시작했습니다. 특히 장마철에 물에 잠긴 지역에서 벼가 아주 잘 자랐답니다.

농업 기술의 발전

벼농사를 시작하면서 농업 기술은 더욱 발전했습니다. 특히 저수지를 만들고 소를 농사에 이용하면서 생산량은 크게 증가했습니다.

 그림 속 탐험 여행

인더스 강에서 갠지스 강까지

고대 유럽의 역사를 살펴보면서 우리는 서쪽으로 이주한 인도-유럽 민족이 유럽의 민족 형성에 얼마나 큰 영향을 미쳤는지 살펴보았습니다. 하지만 인도-유럽 민족이 서쪽으로만 이동한 것은 아니었답니다. 일부 부족들은 아나톨리아, 캅카스, 카스피 해 동부 대초원 지대와 시베리아 남부 등의 여러 지역을 거쳐 이란 고원 지대 및 중앙아시아의 오아시스까지 이동했어요.

그 외에 다른 부족들은 기원전 2000년경 인더스 계곡으로 진입했는데, 이들이 바로 인도-아리아 인입니다. 당시 인더스 계곡에는 먼저 정착한 원주민들이 매우 뛰어난 문명을 이룩해 놓은 상태였어요. 발달된 도시와 우수한 농경 문화, 활발한 해상 무역 등으로 앞서 이야기한 인더스 문명을 일구어 놓았던 것입니다. 인도-아리아 인은 이들 원주민들과 충돌하기도 하고, 일부는 융화되기도 하면서 인도 반도의 새로운 주민으로 자리를 잡아 갔습니다.

인도-아리아 인들이 인도 북서부 인더스 강 유역에 들어온 지 얼마 되지 않았을 때만 해도 그들은 거대한 수레에서 생활하고 소를 기르며 이동하던 유목 민족의 특성을 갖고 있었습니다. 하지만 선주민들이 일구어 놓은 농경 문화와 정착 생활에 점차 동화되어 갔습니다.

그러다 인도-아리아 인들에게 큰 변화가 찾아왔어요. 본래 아라비아 해와 만나는 인더스 강 유역은 벵골 만에서 끝나는 갠지스 강 유역과 왕래하기가 힘들었습니다. 인도 반도의 거대한 수원지인 두 강 사이에 광활한 숲이 가로막고 있었기 때문입니다.

하지만 수세기 동안 혹독한 가뭄이 계속되는 바람에 기원전 1000년 무렵에는 인도-아리아 인들이 농사를 짓기가 불가능할 정도로 땅이 메말라 버렸습니다. 그뿐 아니라, 인더스 강과 갠지스 강을 가로막고 있던 벽 역할을 하던 숲도 거의 사라져 버렸습니다.

▶ 결국 인도-아리아 인들은 인도의 북동쪽을 향해서 한발 한발 확장해 나가기 시작했고 마침내 인도의 중동부 지역까지 진출하게 되었답니다. 이후로 수세기 동안 두 하천 지역을 중심으로 부족과 부족 간의 융화와 분열이 치열하게 반복되면서 고대 인도의 역사가 형성되었습니다.

인더스 강 유역의 농부들은 두 마리의 소가 끄는 나무 마차를 이용했습니다.

그림 속 탐험 여행

종교

계급에 대한 불만을 잠재운 힌두교

기원전 1500년 무렵, 중앙아시아의 유목 민족이었던 인도-아리아 인이 인더스 강가를 침입하여 원주민을 지배하기 시작했습니다. 지배 초기의 모습을 정확하게 알 수 있는 고고학적인 자료는 남아 있지 않지만, '지혜의 책'이라고 불리는 〈베다〉 문서들은 남아 있습니다.

〈베다〉는 부족에서 부족을 거쳐 구전으로 전해 내려오던 종교적 전통에 관한 내용을 기원전 1200년 무렵에 산스크리트 어로 기록한 문서랍니다. 우주의 원리까지 아우르는 방대한 내용으로 오늘날까지 전하는 경전 중에 가장 오래된 것입니다. 인도와 유럽의 문학서 중에서 가장 오래된 것이기도 하고요. 이처럼 인도-아리아 인들은 종교적인 삶에 관한 것은 모두 정리해서 기록해 두었답니다.

인도-아리아 인들은 사회 계급을 크게 넷으로 나누었습니다. 신과의 관계를 유지하고 제사 의식을 담당하거나 〈베다〉를 보관하는 일을 맡았던 브라만 계급 외에 군사권을 장악하고 나라를 다스렸던 왕족 크샤트리아, 농업과 상업 등 경제적인 생산 활동에 종사했던 바이샤, 그리고 노예 계급인 수드라 등이 있었습니다.

인도의 신분 제도는 종교와 결합된 독특한 것으로 '카스트 제도'라고 불립니다. 카스트란 계급과 비슷한 뜻의 말인데, 인도인들은 자신이 현재의 카스트에 속하게 된 까닭이 전생에서 했던 행동들의 결과라고 믿었습니다. 따라서 힌두교를 믿는 많은 인도인들은 신분의 불평등에 불만을 갖지 않았습니다.

이처럼 카스트 제도는 본래 백인계 정복자였던 아리아 인들이 피지배 원주민들을 확고하게 다스리기 위해 만들어 낸 계급 제도예요. 피부색의 차이에 따라 신분을 구별하던 '바루나'라는 고대 신분 제도가 종교의 교리를 차용하여 변형된 것이랍니다.

스라우타 종교 의식

성직자인 브라만들은 특히 스라우타(srauta)라는 종교 의식을 진행하는 임무를 맡았는데, 이 같은 의식을 통해서도 사회적인 영향력을 행사했습니다. 만약 베다를 숭배하는 인도인이 스라우타 의식을 치르려면 자신이 소유한 땅이 제단을 만들고 의식을 치르는 신성한 장소라는 것을 나타내기 위해 그 땅에 세 개의 화로를 만들어야 했습니다. 브라만 사제는 종교적인 활동을 하면서 보수를 받았기 때문에 사제에게 대가를 지불할 수 있는 사람들만 제사를 지낼 수 있었답니다.

▲ 첫 번째 불

세 개의 불로 신성한 땅의 경계를 표시했습니다. 첫 번째 불은 서쪽의 둥근 화로에 지폈어요.

《상히타》 사본

인도의 〈베다〉 중에서 제사 의식에 사용되는 네 개의 베다를 '상히타'라고 부릅니다. 경전을 집대성했다는 의미입니다.

베다 중에서 가장 먼저 만들어진 '리그베다'는 신에 대한 찬가와 아리아 인의 인도 건국에 대한 이야기를 담고 있습니다. 본래 '리그베다' 하나뿐이었지만, 브라만교의 제사 형식이 복잡해지면서 제사 형식을 담은 '야주르베다'와 신을 찬미하는 노래를 모은 '사마베다', 재앙을 쫓고 복을 부르는 주문을 담은 '아타르바베다'가 추가되었습니다.

제단

제단의 맨 윗부분을 '베디'라고 불렀어요. 인도인들은 그곳에 자신들이 숭배하는 신들이 모인다고 믿었답니다.

◀ 세 번째 불

초승달 모양이며 남쪽을 향해 놓았습니다. 땅에 화로를 놓을 때에는 제사를 진행하는 이의 아내도 참석했답니다.

▲ 두 번째 불

신성한 땅과 속세를 구분하는 두 번째 화로는 사각형 모양으로, 동쪽에 두었습니다.

그림 속 탐험 여행

인도 왕국과 종교 정책

종교는 인도의 정치적 경제적 변화에 큰 영향을 끼쳤습니다. 인도-아리아 인들은 기원전 1200년경부터 힌두교의 체계를 정리하여 자신들의 언어인 산스크리트 어로 기록하고 널리 보급하는 데 힘썼습니다. 하지만 그러한 토양 속에서 수세기 만에 세계 3대 종교 중 하나인 불교를 탄생시키게 된답니다.

불교가 탄생할 무렵, 당시 인도 반도는 여러 부족 국가로 분열되어 있었습니다. 물론 그것은 인도-아리아 인들이 갠지스 강 유역까지 영토를 확장하면서 부족 간의 정복과 분열을 되풀이하는 과정에서 빚어진 당연한 결과였어요. 심지어 부족 국가 안에서 내부 분열이 일어나는 일도 있었답니다.

그 결과 기원전 6세기, 인도 북부에는 최소한 열여섯 명의 왕과 헤아릴 수 없이 많은 부족 국가들이 탄생했습니다. 그중에서 가장 강력한 왕조는 마가다 왕조와 코살라 왕조였어요. 그리고 이 시기에, 정확히 말하자면 기원전 563년에 한 왕국에서 고타마 싯다르타(부처)가 탄생했던 것입니다. 부처의 가르침은 많은 이들의 마음을 움직였어요. 그래서 얼마 되지 않아 삭발한 머리에 샤프란 꽃처럼 노란 옷을 입은 부처의 수도승들이 겸손과 비폭력이라는 부처의 가르침을 전하기 위해 갠지스 평원을 누비고 다니게 되었답니다. 새롭고 위대한 종교 불교가 탄생한 것이지요.

인도의 정치적 분열은 기원전 320년 무렵, 마우리아 왕조가 최초로 북부 인도를 통일하면서 끝이 납니다. 기원전 326년 알렉산드로스 대왕이 인도 원정에 실패하고 퇴각하는 동안 인도의 젊은 용사 찬드라굽타 마우리아가 권력을 잡았던 것입니다.

마우리아 왕조는 기원전 270년 아소카 왕이 다스리면서 최고의 전성기를 누렸습니다. 아소카 왕은 전쟁에 나갔다가 군인들이 대량 학살을 벌이는 모습을 보고 큰 충격을 받아 불교로 개종했습니다. 그리고 적극적으로 불교를 장려하여 이 시기에 불교가 널리 퍼졌습니다.

석가모니 설법도
석가모니가 커다란 연꽃에 앉아 설법을 하고 보살, 공양자들이 그를 둘러싸고 있습니다.

하지만 마우리아 왕조는 아소카 왕이 죽고 나자 흔들리기 시작하여 멸망하고 인도는 다시 여러 국가로 분열되는 혼란에 빠졌습니다. 인도 북부에서는 중앙아시아 민족인 쿠샨 인들의 침략이 계속되었으며, 기원전 1세기 무렵에는 쿠샨 왕조가 들어섰습니다. 쿠샨 왕조 역시 불교를 신봉한 국가였습니다. 쿠샨 왕조 때 불교는 중국을 거쳐 한국, 일본으로 전파됩니다.

그러나 기원후 4세기에 들어서는 굽타 왕조(기원후 320년~550년)와 하르샤바르다나 왕이 세운 바르다나 왕조(기원후 606년~647년)가 등장하면서 인도의 고전 시대(기원후 320년~700년)가 펼쳐집니다. 굽타 왕조와 바르다나 왕조는 불교 대신 인도의 오랜 종교인 힌두교를 다시 부상시켰습니다. 뛰어난 힌두 사원 건축물을 건설했으며, 힌두교 문학도 발전시켰던 것을 보면 전형적인 힌두교 국가였음을 확인할 수 있습니다.

인도의 고전 시대는 기원후 8세기, 아랍 인들이 침략해 이슬람교가 들어오게 되면서 그 막을 내리게 됩니다.

종교

불교

불교는 진리를 깨우친 석가모니를 닮고자 하는 종교로, 누구나 석가모니처럼 될 수가 있기 때문에 절대적인 신을 믿는 크리스트교와 크게 다릅니다. 부처의 가르침은 실천적이고 합리적이며 철학적이어서 전체적으로 볼 때 일반적인 종교의 교리와 같습니다.

인도에 불교가 널리 퍼지게 된 것은 기원전 3세기 마우리아 왕조가 들어서면서부터였어요. 이때 불교는 주로 동남아시아로 전파됩니다. 중국에는 기원후 1세기 쿠샨 왕조 때 불교가 전파되었고, 한국에는 고구려 소수림왕 때 전파되었습니다. 베트남과 한국에서는 오랫동안 불교가 우세했어요. 그리고 7세기가 되면 한국을 통해 일본에도 불교가 전해집니다.

해탈

인도의 바르후트 불탑 기둥에는 불교의 창시자인 부처를 상징하는 조각이 새겨져 있습니다. 부처가 신들의 '선한 법률'을 상징한다는 뜻을 담았다고 합니다. 아직까지 이 조각에 대한 정확한 내용은 밝혀지지 않았습니다.

자비

불교는 부자들이 가난한 자들을 도와야 한다고 주장했던 최초의 종교였습니다. 부처는 조건 없이 다른 사람을 사랑하고 가엾게 여겨 베풀 것을 가르쳤습니다.

 그림 속 탐험 여행

중국의 통일 왕조들

기원전 3000년대에 만들어진 황허 강 유역의 도시 문명은 앞에서도 살펴봤듯이 농산물 생산과 수로 시설 작업에 필요한 노동력을 통제하기 위해 국가 차원에서 만들어 낸 것이었어요. 그렇게 시작된 중국 문명은 때로는 분열하기도 하고, 때로는 주변 민족을 통합하기도 하면서 역사를 만들어 갔습니다.

일반적으로 중국이라고 하면 거대한 제국을 떠올립니다. 그러나 기원전 1700년대에 세워진 은나라나 그 뒤를 이은 주나라의 초기를 제외하고는 기원전 221년까지의 중국 역사는 여러 왕들이 다투는 분열의 역사였습니다. 이 시기를 춘추 전국 시대라고 부릅니다.

기원전 221년이 되자, 중국의 수많은 왕들 중 한 사람이었던 영정이 강력한 힘으로 방대한 영토를 통합하고 자신을 진나라의 황제라고 칭했습니다. 그래서 그에게는 진나라 최초의 황제라는 뜻에서 '진시황제'라는 칭호를 붙입니다. 진시황제는 북방 민족인 흉노족의 침략에 대비해서 만리장성을 건설했답니다. 그리고 자신이 묻힐 엄청난 규모의 무덤도 만들었습니다.

진나라가 망하고 나서 얼마 후, 중국에서 가장 중요한 왕조인 한나라(기원전 202년~기원후 220년)가 들어섭니다. 한나라는 중국인의 문화와 마음을 하나로 통합했던 중요한 왕조입니다. 한나라 때 비로소 유교는 국가의 중요한 국교로 자리 잡아 중국인의 의식을 통합하였습니다. 농업뿐 아니라, 상업, 수공업도 눈부신 발전을 이루었어요. 서양과의 무역 통로였던 실크 로드(비단길)를 개척한 것도 한나라 때의 일입니다.

한나라가 무너지고 나서 중국은 다시 한 번 여러 나라로 분열되는 시기를 겪습니다. 이 시기에는 특히 흉노족이나 티베트 계열의 북방 민족들이 중국 대륙에 여러 나라를 세웁니다.

그러다 다시 한족의 통일 왕조가 들어서는데 그것이 바로 당나라입니다. 당나라는 중국 왕조 중에서 정치적 경제적으로 매우 번성했던 왕조랍니다. 멀리 페르시아나 아라비아와의 교역도 활발해서 당나라의 수도는 국제도시의 면모를 갖추고 있었습니다.

중국의 정치사는 대조적인 성격을 띠는 몇 가지 흐름을 보입니다. 가장 두드러지는 경향은 왕권을 중심으로 권력을 중앙 집권화 하는 것이었어요. 또 하나는 이와 반대로 지역 귀족들이 권력을 나눠 갖는 형태였습니다. 중앙 정부의 엄격한 통제와 지방 분권적인 정치 형태가 반복되면서 농업 경제 분야를 통제하는 방법도 다양해졌습니다. 통치력이 막강했던 왕들은 계몽적인 각료를 두어 토지 소유주들이 토지에 대한 권력을 남용하지 못하도록 정기적으로 그 힘을 제지했습니다. 그리고 농업 개혁을 통해서 소작농들에게 토지를 분배하고, 농자금을 만들어 농민들이 어려움 없이 생활할 수 있도록 했습니다. 국민 다수가 농업 인구였던 만큼 농민의 생활을 안정시켜야만 국가 경제가 잘 유지될 수 있었기 때문이랍니다.

가장 존경받는 개혁자는 기원후 11세기에 재상의 자리에 올랐던 왕안석(1068년~1085년)입니다. 그는 송나라 때 사람으로 국가 소유의 곡물 창고를 만든 인물이었습니다. 곡물 창고는 농작물의 생산량이 풍부해 값이 안정적일 때 국가에서 적당한 가격으로 곡물을 사들였다가 흉년이 들어 농민들의 생계가 어렵고 곡물 가격이 높아졌을 때 가난한 농민들에게 싼값에 다시 파는 데 이용되었어요. 하지만 안타깝게도 그의 개혁 정치는 지주와 보수 세력의 반발로 지속되지 못하였답니다.

그 후로도 오랫동안 중국은 세금 면제와 각종 혜택을 누리던 대지주들의 횡포의 시대와, 개혁과 농민의 이익을 보호하고자 애쓰는 황제의 시대가 반복되었습니다.

정치

한족과 북방 민족의 경합

중국 제국의 역사는 비옥한 중국 대륙을 두고 한족과 북방 민족들이 벌였던 치열한 경합의 역사입니다. 가장 먼저 성공한 왕조는 한족이 세운 한 왕조(기원전 202년~기원후 220년)였어요. 한나라가 멸망하고 나서 위와 촉, 오의 세 나라로 분열되지만 진나라가 다시 이를 통일합니다. 그러나 진나라는 오래가지 못했어요. 중국은 400여 년 동안 여러 북방 민족들이 나라를 세우는 혼란을 겪게 됩니다. 이것을 5호 16국 시대라고 부릅니다. 그러다 수나라(기원후 581년~618년)가 통일을 이루었고, 다음에 들어선 당나라(618년~907년)는 중국이 최고의 번영과 명성을 누릴 수 있게 해 주었어요.

당나라 이후로 또 한 차례 북방 민족들이 중국 각지에 나라를 세웁니다. 거란족이 세운 요나라, 여진족이 세운 금나라, 탕구트 족이 세운 서하 왕국 등이 바로 그것입니다. 중국 왕조인 송나라는 북방 민족에 밀려 남쪽으로 밀려나기도 했습니다. 그러다 마침내 몽골의 침입으로 멸망하고 말았답니다. 몽골은 중국 대륙을 차지하고 원나라(1272년~1368년)를 세웠어요.

이후 중국은 부국 강성의 명나라 시대(1368년~1644년)가 펼쳐집니다. 이 시기의 중국은 그 어떤 외부의 영향에도 끄덕하지 않을 정도로 강력했답니다. 그러나 16세기 후반부터 다시 세력을 기르기 시작한 여진족이 명나라를 무너뜨리고 나라를 세웠는데, 이 나라가 바로 청나라입니다. 청나라는 1644년에 세워졌으나 1912년 중국의 신해혁명으로 무너졌습니다.

중국의 장성

대초원 지역에 있는 유목 민족의 침략으로부터 중국의 외부 국경을 지키기 위해 건설되었습니다. 원래는 끝없이 이어지는 성벽을 지으려는 목표에서 시작된 것이 아니었답니다. 방어를 위해 벽돌로 벽처럼 생긴 거대한 탑을 쌓으려는 것이었습니다.

탑에는 감시대가 있어서 군사들이 이곳에서 매일 보초를 섰습니다. 낮에는 거대한 깃발을 이용해서, 밤에는 횃불을 밝혀서 위기 상황을 전달했답니다.

두 번째 장성

15세기 초 명나라 영락제(1402년~1424년 재위)가 지금의 만리장성을 쌓기 시작하여 이후로 명대의 여러 왕들이 새로 쌓거나 뼈대부터 재건설해서 현재와 같은 모습을 갖추게 되었습니다. 진시황제 때의 장성은 단순히 흙을 쌓아 올린 것에 불과했지만, 명나라 대의 만리장성은 거대한 사각형 바위 위에 단단한 벽돌을 올려서 벽을 양쪽으로 쌓은 것이었습니다. 그리고 두 벽 사이에는 흙과 진흙, 자갈과 벽돌 조각들을 채워 넣었어요.

만리장성의 높이는 5~10미터로, 곳곳에는 성과 감시용 탑이 자리하고 있었습니다. 자갈을 깐 길은 군사들과 수레가 이동하거나 중요한 소식을 전달할 때 통로 역할을 했답니다.

진시황제

진시황제(기원전 221년~210년 재위)는 기원전 5세기에 건설하기 시작했다가 중단된 성벽들을 연결하도록 명령을 내렸습니다. 이 첫 번째 만리장성은 6,000킬로미터의 기나긴 성벽이었답니다.

시안의 두 용사
위 : 전투복을 입은 사람. 전형적인 경보병의 복장입니다.
아래 : 사격 자세를 취한 사수.

시안의 용사들
20세기 고고학사 중에서 가장 위대하고 중요한 발견 중 하나입니다. 1974년, 시안에서 60킬로미터 떨어진 산시 성에서 진흙으로 만든 군인의 입상 7,000여 개와 말의 입상이 발굴되었습니다. 이 입상들은 청동 무기로 무장을 하고 있었으며 실제 사람 크기만 했답니다. 이 '진흙 군단'은 기원전 3세기 말에 제작되었고, 중국을 통일한 진시황제의 시신과 함께 매장되었던 것입니다.

병마 도용
고대 중국에서는 건축물에 동상이나 조각상을 넣지 않았습니다. 불교와 관련된 불상 등을 제외하고는 기념비 조각도 찾아보기가 매우 힘들었어요. 중국의 예술가들은 청동이나 도자기 재료를 이용해서 주로 작은 물건을 만들었습니다. 시안의 병마 도용은 유일하게 예외를 적용한 진흙 예술품이랍니다.

그림 속 탐험 여행

동아시아를 빛낸 불교 문화

불교는 비록 힌두교에 밀려 발원국인 인도에서는 교세가 쇠퇴하고 말았지만, 동아시아로 전파되면서 크게 세력을 떨쳐 그리스도교, 이슬람교와 함께 세계 3대 종교 중 하나가 되었습니다.

인도의 불교가 동아시아로 전파되기 시작한 때는 첫 통일 왕조인 마우리아 왕조 때입니다. 아소카 왕은 경전을 정리하게 하고, 불탑을 제작하게 하는 등 불교의 장려에 힘을 기울였어요. 그 결과 불교는 남쪽의 실론 섬(스리랑카), 타이, 미얀마 등지로 전파됩니다. 그런데 이 시기의 불교는 개인적인 깨달음을 중시하는 소승 불교였답니다. 그래서 동남아시아의 불교는 소승 불교의 성격이 짙습니다.

마우리아 왕조가 무너지고 1세기 중엽에 들어선 쿠샨 왕조 역시 불교를 장려하는 정책을 펼쳤습니다. 그러나 이때에는 개인의 해탈보다는 대중들을 구제하는 데 목표를 둔 대승 불교가 유행했어요.

쿠샨 왕조는 인도의 서북부 지방에서 일어났기 때문에 지리적으로 중앙아시아 지역과 가까웠답니다. 그 결과 대승 불교는 실크 로드를 통해 티베트, 중앙아시아 지역을 거쳐 동북아시아로 전파되었어요.

둔황 석굴이나 윈강 석굴은 불교가 어떤 경로로 중국까지 전파되었는지를 잘 보여 줍니다. 4세기 말, 중국 대륙은 여러 북방 민족들이 난립하던 5호 16국 시대였어요. 한국은 이 시기에 이들 나라와 교류하면서 불교를 받아들였답니다.

불교는 동아시아의 문화 전반에 엄청난 영향을 끼쳤습니다. 불교 사원(절), 탑, 석굴, 불상 등 동아시아의 소중한 문화유산의 70% 이상이 불교 유산입니다.

특히 한국에서는 부처의 가르침을 담은 경전 연구에 많은 힘을 기울이면서 사상의 발전과 인쇄 문화의 발달까지 가져왔어요. 불국사의 석가탑에서 세계에서 가장 오래된 목판 인쇄물인 '무구 정광 대다라니경'이 발견되었습니다.

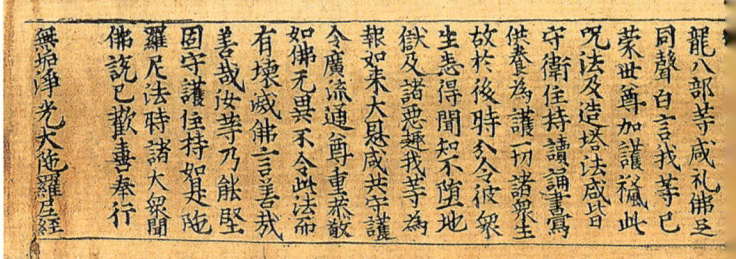

무구 정광 대다라니경
세계에서 가장 오래된 목판 인쇄물입니다. 한국의 통일 신라 왕조 때 만들어진 것으로, 불국사를 다시 지으면서 석가탑에 봉안했던 것입니다. 한국의 인쇄술뿐 아니라, 한지의 우수성을 보여 줍니다.
(기원후 751년 통일 신라 시대, 국립 중앙 박물관)

석굴암 본존불상
신라인들은 백색의 화강암을 이용해 인공적으로 석굴을 만들고 석가여래 불상을 중심으로 주위 벽면에 보살상, 제자상, 천왕상 등 40여 구의 불상들을 조각했습니다. 3,600여 개의 얇은 돌로 원형의 천장을 구축하여 환기가 뛰어날 뿐 아니라, 바닥 내부에 습기가 모이도록 한 과학적 설계로 세계를 놀라게 했습니다. 그리고 사실적이면서도 온화한 부처의 아름다움과 신비로운 석굴의 분위기를 잘 살려 내어 세계 최고의 건축물이자 조각 작품으로 인정받고 있습니다.
(기원후 774년 통일 신라 시대, 경주)

중생의 구원자 보살

부처는 석가모니를 이르는 말입니다. 즉, 불교를 창시하고 깨달음을 얻어 열반에 이른 성인입니다.

불교에는 부처 외에도 보살이라 불리는 이들이 있습니다. 보살은 깨달음을 통해 열반의 문 앞에까지 가지만 다른 중생들이 자유를 얻을 수 있도록 돕기 위해 열반을 포기하는 인물입니다. 보살은 구도자들이 타인을 향한 자비심과 개인적 해탈의 열망 사이에서 번뇌하다가 탄생했어요. 대중의 구제를 목적으로 하는 대승 불교에서는 자신의 해탈보다 더 큰 가치를 둡니다.

미륵보살

내세에서 부처가 되어 인간 세계로 내려와 중생들을 구제한다는 보살입니다. 한국에서는 나라가 어지러울 때마다 미륵보살이 구원해 주실 것이라는 믿음으로 백성들에게 큰 위안을 주기도 하였는데, 이를 미륵 신앙이라고 일컫습니다.

금동 미륵 반가 사유상
한국인들은 생각에 잠긴 부처의 모습을 나타낸 반가 사유상을 유난히 많이 제작했는데, 그중 사진의 반가 사유상은 동아시아의 대표적인 불교 유물로 손꼽힙니다. 사색적이면서도 생동감이 넘치고 조형미가 뛰어난 작품으로, 일본의 반가 사유상에 영향을 준 작품입니다.
(7세기 초 삼국 시대, 높이 93.5cm, 국립 중앙 박물관)

일본의 불교와 신도

일본의 불교는 국왕의 적극적인 정책으로 널리 전파되었습니다. 이것은 왕들이 불교가 나라를 통합하고 근대화하는 데 필요하다고 생각했기 때문이랍니다. 일본 최초의 불교 사원은 기원후 593년에 지어진 시텐노지인데, 이것은 한국의 백제인이 지은 것입니다. 기원전 7세기 무렵, 국왕의 지원으로 불교가 널리 전파되면서 외래 종교인 불교는 일본의 전통 종교와 문화적 충돌을 겪습니다. 그러자 전통 종교를 받들었던 이들은 자신들의 종교를 불교와 구분 짓기 위해 전통 종교에 '신도'라는 이름을 붙였습니다. 하지만 이런 종교적 충돌에도 불구하고 불교는 신도와 큰 불화를 일으키지 않고 일본에 정착, 융화되었답니다.

일본 나라 시대, 775년

일광보살
일광보살은 일본의 불교에서 매우 중요하게 여기는 보살입니다. 약사여래를 보좌하는 두 보살 중 하나로 태양처럼 빛나는 지혜와 덕을 갖추고 사람들을 바르게 인도합니다. 고귀함과 빛, 그리고 순수함을 상징합니다.
(기원후 8세기, 도쿄 국립 박물관)

종교

현실적인 유학

유교는 공자의 가르침에서 비롯되어, 맹자(기원전 372년~289년) 등에 의해 계승 발전되다가, 기원전 135년 한나라 때에 국교가 되었습니다. 유교는 다른 종교와 달리 죽은 후의 세상에 대한 교리가 없고, 신에 대한 언급도 거의 없어서 종교적인 성격이 약합니다. 하지만 학문으로서의 유학은 중국의 대표적인 사상으로, 불교와 함께 한국과 베트남, 일본에 이르기까지 동아시아 사람들의 생활 문화를 바꾼 거대한 사상이었습니다. 자신을 수양하고, 가정을 평안히 하고, 나라를 잘 다스리며 천하를 평화롭게 하는 것을 목표로 하기 때문에 유학자들은 정치에 참여하여 나라를 바로잡는 것을 최대 목표로 삼았습니다. 유학은 백성을 위한 학문에서 출발했지만, 전통과 질서를 중요하게 여기기 때문에 급격한 변화를 원하지 않습니다. 따라서 국가를 안정적으로 다스릴 때는 큰 도움이 되지만, 상업과 기술의 발전에는 방해가 되기도 했습니다. 중국은 960년에 건국된 송나라 때부터, 한국은 1392년에 건국된 조선 왕조 때부터 관리로서 성공하려면 유학을 반드시 배워야 했습니다. 하지만 무사들이 권력을 가진 일본과 유목 국가들에서는 그렇지 않았습니다.

공자

공자(기원전 551년~479년)는 교육자이자, 철학자, 정치가였습니다. 그는 혼란에 빠져 있던 춘추 시대를 바로잡기 위해서 옛 주나라 시대의 장점을 살려 새로운 시대를 열고자 했습니다. 끝없는 자기 수양을 통해 인격적으로 완성된 성현이 될 수 있다는 그의 가르침을 모은 책이 〈논어〉입니다. 〈논어〉는 유교에서 가장 중요한 경전이 됩니다. 공자의 가르침은 그가 죽은 뒤 수백년 후부터 동아시아 각국에 엄청난 영향을 미치게 됩니다.

서원

공자를 비롯한 훌륭한 선배 유학자들에 대한 제사를 지내며, 학생들에게 유학을 가르치던 곳입니다. 서원은 단순한 학교로서의 역할에 머물지 않고, 유학을 배운 선비들의 학문 토론의 장소이자 도서관, 문화 보급의 기지이기도 했습니다. 976년 송나라에서 악록 서원이 세워진 이후, 중국과 한국에서 인재를 키우는 대표적인 교육 기관으로 발전해 나갔습니다.

종교

현실을 벗어나려는 도교

도교는 고대 동아시아의 토착 신앙에서 비롯됐습니다. 도교는 신선과 같이 오래 사는 삶을 꿈꾸며 세상의 번잡한 일을 헛된 것으로 생각하며 자연을 닮은 삶을 살아가는 것을 최고로 생각했답니다. 도교가 유교에 버금가는 사상으로 발전하게 된 것은 공자의 스승인 노자의 사상이 글로 전해지면서부터입니다. 기원전 4세기에 활약한 장자, 열자 등에 의해 사상이 더욱 풍요로워진 도가 사상은 기원후 3세기에 종교인 도교로 새롭게 등장합니다. 중국과 한국에서 도교는 민간 신앙과 어울려 다양하게 발전했습니다. 도교는 많은 문학 작품에 영향을 끼쳐 동아시아 특유의 환상적인 세계관을 만들어 내기도 했습니다. 유학은 현실 정치에 그 이론이 적용되는 참여적인 학문이 된 것에 비해, 도교는 현실을 벗어나고 싶어 하는 사람들에게 사랑받는 학문이 되었습니다.

천단

하늘에 제사 지내는 곳입니다. 동아시아 사람들은 하늘은 둥글고 땅은 네모나다고 생각하여 천단을 둥글게 만들었습니다. 유교에서는 하늘에 제사를 지내는 것은 오직 인간들 가운데 가장 고귀한 천자만이 지낼 수 있는 것이라고 생각했고, 제후와 대부 등은 각자의 신분에 맞게 신들에게 제사를 지내야 한다고 가르쳤습니다.

백제 금동 대향로

기원후 6세기경에 백제에서 만든 향로로 몸체와 뚜껑으로 이루어져 있습니다. 뚜껑에는 23개의 산과 5인의 음악가, 각종 무인상 등 16명의 인물이 새겨져 있으며, 봉황, 용 등 상상의 동물과 호랑이, 코끼리, 나무와 바위, 시냇물, 폭포 등 아름다운 풍경이 표현되어 있습니다. 뚜껑 꼭대기에는 봉황이 달려 있고, 몸체는 활짝 핀 연꽃 모양을 하고 있는데, 연꽃잎 표면에 사슴, 학 등이 배치되어 있습니다. 받침대는 하늘로 치솟는 용의 형상을 하고 있습니다. 불교와 도교의 세계관이 함께 나타난 독창적이고 창의적인 예술품입니다.

그림 속 탐험 여행

두 문명 사이에서 꽃피운 아시아 문화

동양 최대의 문명인 인도의 인더스 문명과 중국의 황허 문명은 여러 아시아 지역에 큰 영향을 끼쳤습니다. 타이완과 남중국해 옆 인도차이나 반도 동남쪽에는 캄보디아가 위치하고 있습니다. 캄보디아의 크메르 족은 오랫동안 인도와 무역을 해 왔습니다. 그러다 보니 그들의 문화는 힌두교와 불교, 그리고 인도의 건축 기법을 포함해 여러 면에서 인도 문화의 영향을 받았습니다.

크메르 족들이 인도 문화의 영향을 받았다는 사실을 가장 잘 보여 주는 예는 바로 앙코르 와트입니다. 앙코르 와트는 왕도였던 앙코르 톰의 남쪽에 자리하고 있습니다. 신에게 제사를 지내던 사원으로, 크메르 사람들은 왕이 죽으면 신과 하나가 된다고 믿고 사원을 건축했답니다. 웅장한 벽으로 둘러싸인 앙코르 와트는 인도의 힌두교 사원에서 주로 사용했던 부조 기술을 이용하여 화려한 장식을 자랑합니다. 크메르 왕국은 9세기부터 번성하기 시작하여 600여 년 동안 번영을 누렸습니다.

동남아시아가 인도와 중국과 무역을 하며 두 거대 국가의 영향을 받은 것은 크메르 왕국 때보다 훨씬 오래전인 기원전 11세기 무렵부터입니다. 이곳의 나라들은 힌두교와 불교 등의 종교 면에서, 산스크리트 어와 같은 언어 면에서, 그리고 법률 면에서 인도 문명의 영향을 많이 받았습니다. 하지만 중국 왕실과의 교역 등 무역 거래에서는 중국의 영향을 받았습니다. 베트남의 경우에는 한나라 무제 때 베트남 북부를 정벌했고, 기원후 100년부터는 베트남을 정복해서 900년경까지 통치하기도 했답니다.

크메르 왕조 초기 '새의 신 가루다를 탄 황제 상'
크메르에서 황제는 신과 동일한 존재였습니다.

앙코르 와트 전경

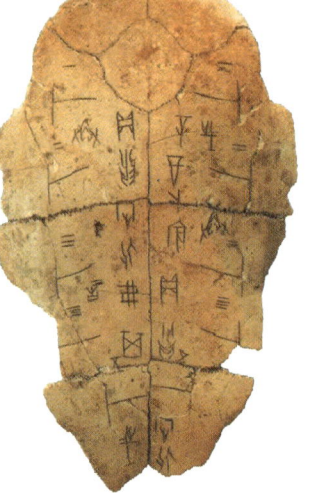

갑골 문자
한자는 중국에서 발전하여, 한국, 일본, 베트남 등에서 사용되는 동아시아 공통의 문자입니다. 한자는 사물의 모습을 본떠 만든 글자로 기원전 13세기 은나라 갑골 문자에서 그 원형을 볼 수 있습니다. 글자 하나마다 뜻이 있어 글자 수가 많은 것이 약점이지만, 한 글자에 담긴 의미가 깊어 시로 표현하는 데 적합합니다. 또 글자 자체를 아름답게 쓰는 서예 예술이 발전하기도 했습니다.

예술

신비로운 동양의 예술품

수천 년의 세월을 거치면서 동양의 예술은 위대한 문명 속에서 발전한 종교, 철학과 밀접한 관계를 맺게 되었습니다. 힌두교의 시바를 숭배하는 작은 동상에서부터 암벽에 조각한 거대한 불상과 사원에 이르기까지, 동양의 조각 예술은 언제나 신비로움을 강조했습니다. 불교와 힌두교 세계에서는 눈에 보이는 형상은 그저 겉으로 드러나는 속임수일 뿐이라고 여겼습니다. 그 대신 깨달음과 진리를 강조했습니다.

동양에서는 예술가들을 인간과 신을 연결해 주는 중개자로 여겼습니다. 그래서 그들은 신성한 인물을 어떻게 묘사할 것인지, 또 어떤 위치에 둘 것인지를 오랫동안 심사숙고한 뒤에야 창작을 할 수 있었답니다.

손바닥을 편 시리아 태양신
(칸디 구라에서 출토, 11세기, 동자바 주, 자카르타 국립 박물관)

인도네시아의 태양 숭배

인도네시아의 토착 문화 중에는 선사 시대부터 내려온 태양 숭배 문화가 있습니다.

신라의 금관

신라의 임금들이 썼던 왕관으로, 황금빛이 화려함을 더해 줍니다. 순금으로 만든 왕관은 전 세계적으로 10점 정도 있었는데, 신라에서 5점이 출토되었습니다. 신라는 황금의 나라로 불릴 정도로 황금을 사랑한 나라였으며, 황금이 풍부한 나라였습니다. 금관은 특별한 행사가 있을 때에만 임금들이 썼고, 평상시에는 가벼운 모자를 썼습니다.

# 그림 속 탐험 여행

동아시아 대전

동아시아는 가축을 키우며 유목하기 좋은 몽골 초원, 밀 등을 재배하는 밭농사가 발달한 황하 유역의 북중국, 쌀을 재배하며 벼농사가 중심을 이룬 양쯔 강 이남의 남중국, 그리고 농사와 수렵, 어업이 모두 가능한 만주와 한반도의 동방 지역으로 크게 구분됩니다. 5~6세기에는 몽골 초원의 유연, 남중국의 송, 북중국의 북위, 만주와 한반도의 고구려 등 4대 강대국이 서로 힘의 균형을 이루며 경쟁적으로 발전했습니다. 그런데 589년 남중국과 북중국을 통일한 수나라가 등장하자, 동아시아는 큰 전쟁에 휘말리게 되었답니다. 몽골 초원을 다스리던 돌궐마저 굴복시킨 수나라는 만주와 한반도의 강대국인 고구려마저 제압하기 위해 전쟁을 일으켰습니다. 612년 수나라는 113만 대군으로 고구려를 쳐들어왔지만, 고구려는 요동성에서 적의 대군을 막아 냈습니다. 이후 수나라는 30만 대군을 거듭 보냈지만, 고구려에 또다시 패배하여 나라가 멸망하고 말았습니다.

중국 역사상 가장 치욕적인 패배를 겪자, 수나라를 계승한 당나라는 고구려를 굴복시켜 중국의 치욕을 갚으려고 했어요. 그래서 수-당과 고구려는 무려 70년간 1,000만에 가까운 대군을 동원한 대전쟁을 하게 되었답니다. 중국과 다른 생활 방식과 문화를 가진 몽골 초원의 부족 설연타, 돌궐, 철륵 등은 당나라가 고구려와 전쟁을 하자, 이를 기회로 당나라를 공격했습니다. 백제는 고구려와 연합하였고, 신라는 당나라와 연합하였습니다. 오랜 전쟁 끝에 당나라와 신라는 백제와 고구려를 멸망시켰습니다. 또한 당나라는 몽골 초원의 유목 국가들마저 잠시 굴복시켜 거대한 제국을 이뤘습니다. 그 결과 동아시아는 중국의 문화가 가장 보편적인 문화가 되었습니다.

신라는 백제와 고구려를 멸망시키고 한국 역사상 최초의 통일 국가를 건설했습니다. 한편 백제를 도운 왜국은 당나라-신라 연합군에 패하자, 한반도와의 교류를 끊고 자신들의 정체성을 확립하는 데 노력을 기울였습니다. 그 결과 중국, 한국과 다른 독자적인 일본의 문화가 탄생하게 되었습니다.

동아시아 대전은 중국, 한국, 일본의 역사가 확연히 구분되는 계기가 되었습니다.

고구려 중갑기병의 갑옷과 말의 갑옷
말을 탄 기병은 걸어 다니는 보병에 비해 강력한 전투력을 가집니다. 말의 등장은 화약 무기의 사용과 함께 전쟁사의 혁명을 불러왔습니다. 사람과 말이 모두 갑옷으로 무장한 군인을 '개마 무사'라고 부릅니다. 이들 개마 무사는 고구려 전투력의 큰 축을 이루었습니다.

삼국지연의

〈삼국지연의〉는 후한(25년~220년)이 멸망하기 전부터 위·촉·오 삼국 시대(220년 ~280년)를 배경으로 한 소설로, 14세기 명나라 나관중의 작품입니다. 역사에는 후한의 재상이자, 위나라 건국에 공을 세운 조조가 뛰어난 인물로 기록되어 있습니다. 그러나 소설에서는 가장 약했던 촉나라의 유비가 유교적인 덕치를 실천하는 주인공으로 등장하며, 의형제인 관우, 장비, 그리고 뛰어난 지략가인 제갈량의 활약상이 중점적으로 기록되어 있습니다. 〈삼국지연의〉는 동아시아를 대표하는 베스트셀러일 뿐만 아니라, 중국의 사상과 종교, 역사, 문화를 주변 세계에 널리 퍼뜨린 가장 대표적인 문화 상품으로, 오늘날에도 영화, 만화, 소설 등으로 계속 재생산되고 있답니다.

화약

중국의 4대 발명품은 화약, 나침반, 종이, 인쇄술이라고 합니다. 그 가운데 화약은 세계 전쟁사를 바꾼 대단한 발명품입니다. 황, 숯, 질산칼륨의 혼합물로, 기원후 9세기경에 만들어졌으나, 오랫동안 불꽃놀이 같은 데에 사용되었습니다. 하지만 화약의 폭발력을 이용한 대포가 만들어지면서, 전쟁은 보다 치열해졌습니다. 중국의 발명품인 화약은 유럽으로 전해져 더 큰 성공을 거두게 됩니다.

화약
세계적인 발명품인 화약은 당나라의 도사가 발명했습니다.

장보고

신라인으로 당나라로 건너가 장군으로 출세한 후, 다시 신라로 돌아와 828년 한반도 서남해에 있는 완도에 청해진을 건설했습니다. 장보고는 해적을 소탕하고, 당, 신라, 일본을 잇는 해상 활동을 주도하여 큰 부자가 되었습니다. 당시는 발해, 동남아시아, 아라비아 등 폭넓은 국제 해상 무역이 활발히 이루어지던 시기였습니다. 장보고는 이 시대에 가장 빛나는 상인이었으며 장군이었습니다.

그림 속 탐험 여행

세계를 정복한 몽골

기원후 13세기, 중앙아시아에 있는 유목 민족의 수가 늘어나고 이들의 세력이 확장되면서 몽골 인들의 지배 범위는 어마어마하게 넓어졌습니다. 이들은 동쪽으로는 중국까지, 서쪽으로는 폴란드까지 지배했습니다. 이로 인해 유럽과 아시아는 큰 변화를 맞게 되었답니다.

극동아시아의 경우, 몽골 인들을 이끌던 칭기즈 칸이 중국을 공격해 들어갔습니다. 칭기즈 칸은 당시 중국 대륙을 장악한 금나라를 공격하기 시작해 1215년 수도인 북경을 빼앗았습니다. 1227년에는 중국 북서부에 자리한 서하 왕국까지 점령했습니다.

칭기즈 칸이 죽고 난 뒤에는 그의 아들 쿠빌라이 칸이 왕위에 올라 나라 이름을 '원'으로 고쳤습니다. 그리고 스스로 군대를 이끌고 중국 왕조였던 송나라 토벌에 나섰어요. 이로써 중국 대륙에 유목 민족이 세운 정복 왕조가 들어섰습니다.

몽골이 중국을 통치하는 동안(기원후 1279년~1368년) 비난받을 일만 했던 것은 아니었습니다. 초기 10여 년 동안은 유럽과 중국을 이어 주는 실크 로드라는 기나긴 길을 통해 동서양의 사람들이 안전하게 무역을 할 수 있게 해주었고, 동아시아 사람들이 풍요롭고 안정된 생활을 누릴 수 있게 해 주었으니까요. 몽골 제국은 이민족의 문화들을 수용하면서 국제적인 국가의 면모를 보여 주었답니다.

몽골 제국은 세계 역사상 가장 거대한 제국이었지만 순식간에 사라지고 말았습니다. 그리고 중국 대륙에는 명나라가 들어서게 되었습니다. 명나라는 다른 나라와의 교역을 최대한 편리하게 하기 위하여 수도를 남경에서 북경으로 옮겼어요. 그 결과 일본을 비롯하여 필리핀, 인도네시아 등과 같이 바다 건너 멀리 있는 나라들과도 왕성하게 무역 활동을 할 수 있게 되었습니다. 하지만 기원후 1433년, 명나라의 황제는 갑자기 국경의 문을 굳게 닫고 국민들을 밖으로 나가지 못하게 했습니다.

그 이후 중국은 현대화가 시작되는 19세기에 이를 때까지 오랜 기간 동안 폐쇄 국가 체제를 유지하게 됩니다.

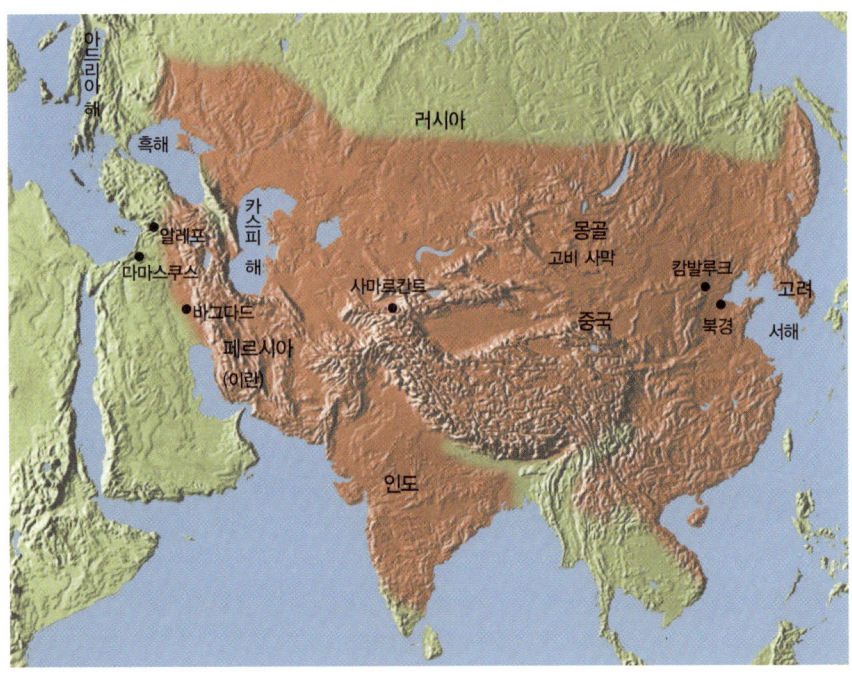

대제국 몽골
강력한 몽골 제국은 서쪽으로는 유럽의 도나우 강에서부터 동유럽과 아시아를 가로질러 동쪽으로 중국에 이르기까지 넓은 지역에 걸쳐 세력을 떨쳤습니다.

정 치

대초원의 민족들

문명이 막 시작되던 때부터 농경 민족들은 언제나 유목 민족들의 침략과 위협에 전전긍긍했습니다. 유목 민족들은 방랑 생활로 다져진 뛰어난 체력과 저돌성을 갖추고 있었습니다. 그리고 그들은 말을 타고 활을 쏘는 기술이 매우 뛰어났고, 잘 훈련된 명령 체계를 갖고 있었습니다. 그뿐 아니라, 후퇴하는 척하다가 다시 공격하기도 하고 잠복하기도 하는 등 전략과 전술을 능수능란하게 사용하는 민족이었습니다. 기원후 4세기에는 흉노족이 아시아와 유럽으로 이동하면서 게르만 족의 이동을 부채질했고, 중국의 비옥한 평원을 차지하기도 했습니다. 터키(돌궐)나 몽골 민족들 또한 중국인들을 끊임없이 위협했답니다. 1213년 칭기즈 칸이 시작한 몽골의 침략 전쟁은 1279년 쿠빌라이 칸이 중국 왕조를 무너뜨리고 몽골 제국을 세우고서야 끝이 납니다.

군사력

몽골 인들은 오랜 유목 생활로 뛰어난 운동 능력을 갖춘 강력한 군대를 만들었습니다. 그로 인해 기동력 있는 막강한 군사들을 동원해 짧은 기간 안에 방대한 제국을 만들 수 있었답니다. 몽골의 군대는 귀족 용병이 지휘했어요. 유목민들 중에서 호전적인 사람들이 군사로 뽑혔답니다.

기병대

몽골 인들은 달리는 말 위에서 활을 쏠 정도로 기마술이 뛰어났습니다. 그리고 사람과 말 모두 강철로 만든 갑옷을 입었답니다.

무기

몽골의 군대가 저항할 수 없을 정도로 막강했던 이유 중 하나는 중국과 중앙아시아 등지에서 들여온 신무기 기술 때문이었습니다. 몽골 인들은 외부에서 들여온 칼과 화살촉, 창, 그리고 각종 성을 공격하는 무기들을 보완하고 고쳐서 위협적인 그들만의 무기로 탈바꿈시켰답니다.

생활

제국의 보호 아래

12세기 중반 무렵, 중앙아시아 대초원의 여러 부족들이 칭기즈 칸(1167~1227년)이 이끄는 몽골 족의 통치 아래 통합되었습니다. 이때부터 그들도 몽골 족으로 불리기 시작했어요. 그들은 실크 로드의 안전을 포함하여 엄청나게 방대한 제국의 보호를 받았습니다. 덕분에 수세기 전부터 해 왔던 동서양 간의 무역도 매우 편안하게 할 수 있었답니다.

낙타

중국 문헌에 따르면 늦어도 기원전 10세기부터 동아시아와 중앙아시아에서 낙타가 운송 수단으로 널리 사용되었다고 합니다. 낙타는 짐을 운반하거나 무거운 것을 끌 때 유용했는데, 사람을 태우기도 했어요. 그리고 사람들에게 가죽과 고기, 우유까지 제공했어요. 낙타는 200킬로그램 이상의 짐을 멘 채로 산간 지역에서도 오랫동안 이동할 수 있었답니다.

상인

길고 긴 실크 로드 전체를 모두 통과하는 상인은 단 한 명도 없었습니다.
거래할 물건을 도중에 중개인에게 맡기기도 했고, 먼 길을 가는 상인들의 손을 여러 번 거친 끝에 목적지에 도착하기도 했어요. 상인들은 주로 포장마차를 타고 이동했는데, 오랫동안 쉬어야 할 때에는 카라반 숙소에 머물렀습니다.

비단

누에 유충은 나방이 되기 위해 번데기로 변태하는 과정에서 섬유질 같은 하얀 분비물을 내뿜어 고치를 만듭니다. 이 고치에서 실을 자아내어 옷감으로 만든 것이 바로 비단이랍니다. 비단 생산은 중국에서 이미 4500년 전부터 시작되었습니다. 하지만 중국인들은 굉장히 오랫동안 비단 만드는 기술을 비밀로 했습니다. 그러다 기원후 550년, 페르시아 승려 두 사람이 중국에서 누에고치 알 몇 개를 대나무 통에 감추어 콘스탄티노플로 가지고 왔는데, 이것을 유스티니아누스 황제에게 바쳤다고 합니다. 이로써 오랜 세월 동안 밝혀지지 않았던 비단 생산의 비밀이 서양에 알려지게 되었습니다.

거래 상품

육로를 이용해서 상품을 운송하려면 비용이 많이 들었습니다. 그래서 비단이나 옥, 정교한 도자기, 향신료와 같은 고가의 상품만 육로를 통해 운송했답니다.

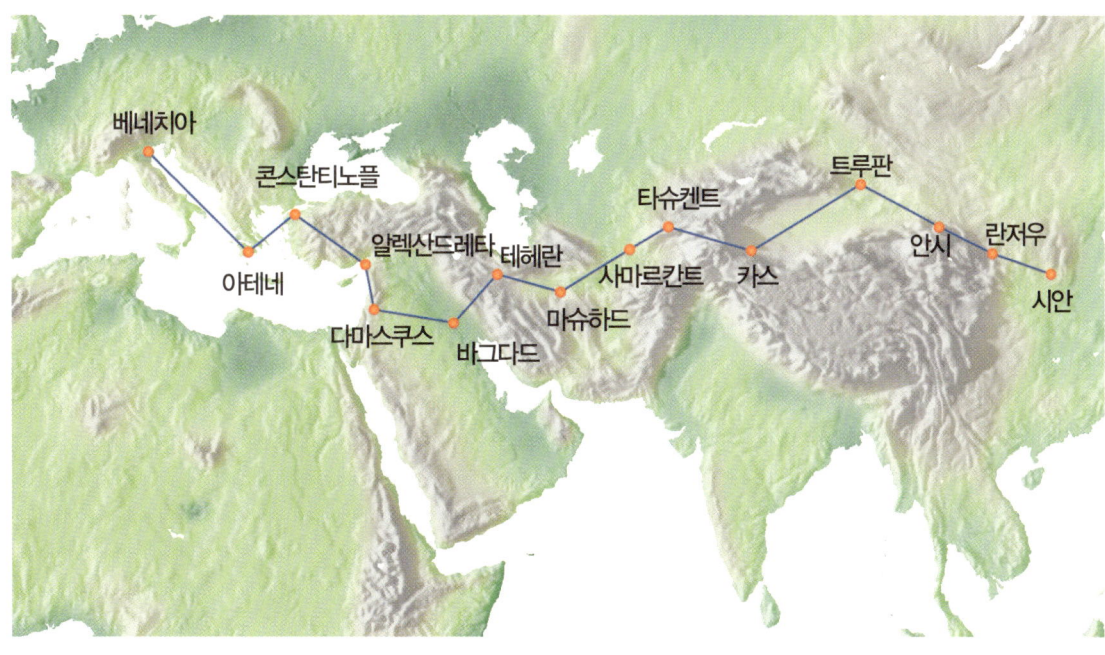

실크 로드

6세기부터 지중해 문명 세계와 '비단의 나라'로 알려졌던 중국을 연결하는 통로 역할을 했습니다. 실크 로드는 7,000킬로미터가 넘는 길이었는데, 그 끝은 중국 최초의 수도였던 시안이었답니다.

제4부 아메리카

약 2만 5,000년 전 마지막 빙하기에 바닷물이 얼고 해수면이 낮아지면서 현재 베링 해협이 있는 곳에 아시아의 시베리아 대륙과 북아메리카의 알래스카 주 사이를 연결하는 땅, 베링 지협이 나타났습니다. 이 지협을 통해 아시아 대륙의 호모 사피엔스들이 아메리카 땅으로 이주했어요. 하지만 해빙기를 맞아 기후가 따뜻해지면서 해수면이 상승하자, 아메리카 대륙 사람들은 유럽 인들이 배를 타고 대서양을 건너는 16세기까지 외부 세계와 단절된 채 그들만의 문명을 일구어 냈답니다. 그러나 유럽 인들이 대륙에 상륙한 다음부터 고대 아메리카 문명은 급속도로 파괴되기 시작했습니다.

고대 아메리카 문명 연대표

기원전 9000년경	북아메리카의 클로비스 인들이 아메리카 들소를 사냥하기 시작함.
기원전 5000년경	멕시코에서 옥수수가 재배됨.
기원전 3700년경	페루의 칠카 해안 지역에 정착민이 생겨남.
기원전 2500~2000년	중앙아메리카와 안데스 지역에서 옥수수 재배가 확산됨.
기원전 1200년경	페루에서 구아냐페 문명이 발생함.
기원전 1000~100년경	멕시코에서 오르메카 문명이 발전함.
기원전 900년	안데스 중부에서 차빈 문명이 발전함.
기원전 600년경	중앙아메리카에서 사포테카 문명이 발전함.
기원전 500년경	중앙아메리카에서 초기 마야 문명이 발생함.
기원전 400년경	페루에서 파라카스 문명이 발전함.
기원전 100년경	중앙아메리카의 고대 도시 테오티우아칸이 미지의 민족 톨테크 인들의 첫 수도가 됨.
기원후 100년경	페루에서 나스카 문명과 모체 문명이 발전함.
기원후 300~900년	마야 문명의 전성기.
기원후 600년경	중앙안데스 지역에서 와리 문명과 티아우아나코 문명이 발전함.
기원후 650~850년	아르헨티나에서 아구아다 문화가 발전함.
기원후 900년경	마야 제국이 멕시코 중부의 도시를 버리고 유카탄 반도의 북부로 문명의 중심지를 이전함.
기원후 900~1200년경	톨테크 인들이 멕시코 고원 지대의 패권을 장악함.
기원후 950년경	콜로라도에 메사 베르데 유적이 건설됨.
기원후 1000년	톨테크 문명이 멕시코의 툴라를 중심으로 번성함.
기원후 1170년	아스테카 인들이 멕시코의 고원 지대로 이주함.
기원후 1200~1300년경	치치메카 인들이 멕시코의 패권을 장악함. 톨테크 문명이 몰락함.

기원후 1325년	테노치티틀란이 건설되고 아스테카가 발전하기 시작함.
기원후 1428년	이츠코아틀이 왕권을 강화하고 아스테카 제국을 건설함.
기원후 1438년	잉카 제국이 중앙안데스 지역으로 영토를 확장하기 시작함.
기원후 1486~1502년	아후이즈틀 왕국이 생기고, 아스테카 제국의 영토가 최대로 확장됨.
기원후 1471~1493년	투파크 잉카 유팡키가 다스리면서 잉카 제국이 전성기를 이룸.
기원후 1492년	유럽 인들이 아메리카 대륙에 상륙함.

지도로 배워요

고대 아메리카 문명을 꽃피운 민족들은 누구일까요?

북서부의 아메리카 토착민
북서부의 쇼쇼니 부족의 천막

남서부의 아메리카 토착민
아나사지 족의 도자기 그릇

마야 민족
마야 신전

북서부의 아메리카 토착민

이 지역의 부족들은 가까운 바다, 풍부한 강수량, 목재와 열매가 가득한 밀림 등 자연의 혜택을 누리며 살았습니다. 1970년에 우연히 이 지역이 발견되었는데, 마카 족이 살던 다섯 개의 촌락 중에서 가장 규모가 컸던 오제테 마을이 유명해졌어요. 마카 인들도 북아메리카 대륙의 북부에 사는 다른 부족들처럼 어업이 주요 생계 수단이었답니다.

남서부의 아메리카 토착민

기원후 700년부터 1100년까지 옥수수와 콩을 주로 재배하던 농경 민족인 아나사지 족은 푸에블로라고 부르는 커다란 벽돌 건물을 지었습니다. 푸에블로란 공동 주택이라는 뜻이에요. 그들은 푸에블로를 높다란 절벽 위에 지었답니다. 아나사지 족은 지금의 애리조나 주와 뉴멕시코 주, 그리고 유타 주의 접경 지역에서 살았어요. 하지만 무슨 이유 때문인지 이곳을 떠나고 말았답니다. 다만 삼림의 나무를 지나치게 벌채해서 몰락한 것이 아닐까 추측하고 있습니다. 아나사지 족이 떠난 이후에는 호피 족 등이 이 지역에 들어와 살면서 다양한 옥수수 종자를 개량하여 농사를 지었습니다.

마야 민족

마야 민족은 마야 문명의 고전 시대라고 불리는 기원후 300년에서 기원후 925년 사이에 중앙아메리카 각지로 퍼져 살게 되었습니다. 멕시코 남부와 유카탄 반도, 과테말라, 온두라스, 엘살바도르 등지에는 이 시기에 그들이 만든 도시 문명이 남아 있습니다.
925년부터 1540년까지는 마야 문명의 후기 고전 시대라고 불립니다. 이 시기에는 마야 문명의 중심지가 유카탄 반도 북부로 이동하여 치첸이트사라는 도시가 눈부신 번영을 누렸습니다. 하지만 이 시기 마야 문명은 이미 쇠퇴의 길로 들어섰고, 마야 문명의 영향을 받은 지역들도 스페인에 정복됨으로써 역사에서 완전히 사라지게 되었답니다.

잉카 민족

잉카 민족은 기원후 8세기부터 9세기까지 안데스 산맥 남부에서 벌어진 지배권 쟁탈전에 뛰어들었던 수많은 소규모 부족 중 하나였습니다. 그들은 15세기 초부터 쿠스코를 벗어나 영토를 확장하려는 노력을 하기 시작했습니다. 처음에는 영토의 길이가 고작 300킬로미터밖에 되지 않았던 잉카 민족의 땅은 한 세기 동안 에콰도르에서 칠레에 이르기까지 3,000킬로미터 이상으로 확대되었답니다. 그뿐 아니라, 주민 수도 거의 1,000만 명에 이를 정도로 많아졌습니다. 이 같은 영토 확장 과정에서 잉카 민족은 고대 안데스 지역의 문명인 모체 문명과 치무 문명을 더욱 발전시켰습니다.
잉카 민족의 사회는 철저한 계급 사회였는데, 그들은 왕을 지상의 신으로 받들어 최고 계급으로 대우했습니다.

대초원의 토착민들
크리 족의 황소 가죽으로 만든 방패

아즈테카 인
아스테카 용사

잉카 민족
북을 연주하는 잉카 인들

아마존의 인디오
아마존의 인디오 남자

대초원의 토착민들

근대에서 현대로 넘어올 무렵, 대초원의 토착민들은 멕시코에서 북아메리카 평원으로 이주하여 옥수수 재배법을 배웠습니다. 그들의 가장 큰 자원은 계절이 바뀔 때마다 거대한 무리를 지어 이동하는 들소 떼였답니다.

아스테카 인

아스테카 인은 1500년경까지 지금의 미국과 북부 멕시코의 남서 지역에 살면서 사냥과 유목 생활을 했던 호전적인 민족입니다. 그러다 멕시코 중부 고원 지대 쪽으로 점점 더 많은 아스테카 인들이 이주했습니다. 그보다 앞선 기원후 9세기경에 톨테크 인들이 이곳 고원 지대로 이주해 왔지만, 마지막에는 아스테카 인들이 찾아왔답니다.

아스테카 인들은 매일 주술사를 찾아가 부족의 신인 우이츨로포치틀리가 정해 놓은 길을 물었습니다. 가장 용맹한 민족이었지만 그다지 큰 발전을 이루지 못했던 이들은 도리어 피정복자들에게서 기술을 배웠답니다. 특히 도자기 만드는 기술을 배웠습니다. 그들은 수레를 이용할 줄 몰랐고, 글자를 쓸 줄도 몰랐어요. 하지만 떠돌이 수렵 생활을 접고 정착 농민이 되면서 평등한 부족 사회에서 절대적인 군왕을 모시고 귀족 계급이 대우받는 계급 사회로 바뀌게 되었답니다.

아스테카 인들은 점차 광대한 제국을 이루고 정복지 민족들을 같은 부족으로 끌어들이면서 번영하기 시작했습니다. 그리고 스페인의 침략으로 몰락하기 직전까지도 최고의 전성기를 누렸습니다. 당시 아스테카 제국의 주민 수는 1,200만여 명에 이르렀다고 합니다.

아마존의 인디오

아직까지 고고학자들이 정확한 연대를 알아내지는 못했지만, 남아메리카에는 거의 1만 년 전부터 토착민들이 살았을 것으로 추정됩니다. 물론 지금도 아마존 밀림에는 일부 인디언 부족들이 살아가고 있습니다. 밀림에서 군락을 이루어 살아가는 인디언 부족들을 살펴보면, 모두들 소규모 집단을 이루어 생활했다는 점과 열대 밀림 고유의 생태계 균형을 유지하는 법을 알고 있다는 점을 발견하게 됩니다. 특히 인디오들은 계절에 따라 낚시와 사냥과 함께 연작 농업을 하며 살았답니다.

그림 속 탐험 여행

고대 인류, 아메리카 대륙을 밟다

호모 사피엔스들이 아프리카 대륙에서 다른 대륙으로 확산된 과정에 대해서는 아직까지 별로 밝혀진 게 없습니다. 다만, 약 3만 5,000년쯤 전에 일부는 동남아시아에서 중국 북부와 한반도, 일본으로, 그리고 일부는 혹독한 추위를 뚫고 광활하게 펼쳐진 시베리아 벌판으로 이동한 것으로 보입니다. 그곳에서 더 나아가 선사 시대 인류는 아메리카 대륙으로 성큼 다가섰던 것이지요.

그렇다면 그때가 정확히 언제일까요? 일부 고생물학자들은 아메리카 대륙이 인류의 발아래 놓인 것은 약 1만 5,000년쯤 전으로 그다지 오래되지는 않았다고 주장합니다. 또 다른 주장들도 있지만 그중에서 가장 믿음이 가는 것은 약 2만 5,000년쯤 전에 캐나다의 빙하가 산산조각이 났을 때 이주자들이 남쪽으로 내려와 아메리카 대륙을 밟았다는 주장입니다.

역사학자들도 다양한 의견을 내놓고 있답니다. 어떤 역사학자는 호모 사피엔스들이 태평양을 건너 아메리카로 왔을 것이라는 의견을 제시했습니다. 또 선사 시대 아시아 인들이 북쪽에서 아메리카 대륙으로 내려왔고, 이후부터 아메리카 대륙에 인류가 급속히 확산되었다는 주장도 상당히 타당성 있게 받아들여지고 있답니다.

다양한 가설들을 검토하고 적용해 본 결과, 최초의 아메리카 주민은 에스키모라고도 부르는 이누이트 족과 토착민, 그리고 안데스 인일 것으로 보고 있습니다. 이누이트 족은 다부진 몸에 팔다리가 짧고 코가 낮은 생김새를 하고 있어 체온의 손실이 적은 체형입니다. 그래서 추위를 이겨 내기에 알맞답니다. 토착민은 북아시아에서 이주해 온 때문인지 북아시아 인들과 닮았습니다. 안데스 인은 공기가 희박한 고원 지대에 적응하느라 가슴 부분이 발달한 것이 특징이랍니다.

경제

사냥과 채집

아메리카 대륙에서는 오랜 세월 동안 사냥과 채집 활동, 그리고 농업으로 생계를 이어 왔어요. 그중에서도 안데스 산맥의 잉카 민족은 산의 경사면을 이용해서 농사를 짓기 시작했답니다. 이것을 계단식 농사라고도 불러요. 그와 달리, 아메리카 북서부에 사는 원주민들은 훌륭한 사냥꾼이었으며 채집꾼, 그리고 낚시꾼이었답니다. 그들은 자연 자원이 매우 풍부해서 오랫동안 그 자원을 활용하는 방식으로 살았던 것입니다.

오제테 마을

'북서부의 폼페이'라고 불리는 오제테는 지금으로부터 약 500년 전, 주위의 큰 산에서 산사태가 일어나는 바람에 진흙 속에 파묻혀 있던 마을입니다. 1970년에 큰 해일이 일어나면서 이 마을이 모습을 드러냈고, 덕분에 고대 아메리카 토착민의 생활을 확인할 수 있게 되었답니다.

행운의 민족

아메리카 북서부의 토착민들은 자연의 혜택을 무척 많이 받았습니다. 강에는 연어가 많아 산란기가 되면 수백만 마리의 연어 떼가 급류를 타고 올라왔어요. 여자들은 침엽수가 빽빽이 들어선 숲에서 과일을 땄어요. 그런 천혜의 환경 덕분에 바로 몇 세기 전, 유럽 인들이 아메리카 대륙으로 들어오기 직전까지 사냥과 채집으로만 생활하고 있었답니다.

고래 사냥

고래 사냥은 북아메리카 해안 지역의 토착민들 사이에서 성행했습니다. 고래들은 주로 봄철에 많이 잡혔답니다. 사람들은 잡은 고래를 해변으로 가지고 와서 여러 부족민들과 나누었습니다. 고래 고기는 말려서 식량으로 쓰기도 하고, 짜서 기름을 만들기도 했습니다.

북아메리카의 클로비스 인들이 사냥에 이용한 창 촉

경제

인류 최초의 농촌이 발생했어요

사냥과 채집을 주요 생계 수단으로 삼았던 사람들이 언제부터 농경으로 바꾸었는지는 정확하게 밝혀지지 않았습니다. 다만, 페루에서는 기원전 9000년에서 기원전 6500년 사이에 두 종류의 콩이 전해졌다고 합니다. 그리고 기원전 5000년경 멕시코 유적지에서 둥근 호박의 종자가 발견되었습니다. 둥근 호박은 기원전 3000년 무렵 페루, 콜롬비아 등지로 전파됩니다.

농업 분야의 가장 큰 혁명은 안데스 고원 지대와 중앙아메리카에서 일어났습니다. 바로 옥수수 재배입니다. 학자들은 에콰도르의 바가스에서 기원전 5000년대에 재배된 옥수수 이삭을 발견했답니다. 멕시코에서는 안데스 지역과 다른 종의 옥수수를 재배하고 있었습니다. 따라서 멕시코에서도 이미 기원전 5000년 이전부터 옥수수를 재배해 온 것으로 추정됩니다. 이 같은 정황들을 살펴볼 때, 인류 최초의 농촌은 중앙아메리카를 비롯하여 안데스 지역과 태평양 연안에서 발생했을 것으로 보입니다.

감자와 물고기

안데스 지역과 남아메리카의 서부 해변은 거의 모래로 뒤덮여 있습니다. 이를 해변 사막이라고 부르기도 하는데, 차가운 한류와 동쪽에 높이 솟은 안데스 산맥 때문이랍니다. 그래서 사람들은 바닷가보다 높이 솟은 안데스 고원 지대를 택했답니다. 해발 4,000미터에 이르는 안데스 고원에는 두 개의 거대한 거주지가 펼쳐져 있습니다. 이곳의 극심한 일교차를 이용해 사람들은 추뇨라는 감자가루를 생산할 수 있었답니다. 낮에는 햇볕에 건조시키고 밤에는 얼리면서 만든 것인데, 추뇨는 최장 20년까지도 저장할 수 있었습니다. 그리고 안데스에 사는 사람들은 바닷가로 내려와 해조류와 생선, 새우 같은 해산물도 채취했습니다. 이것들 역시 햇볕에 말려서 짊어지고 산으로 가지고 갔습니다.

낙타과 동물들

라마는 야생의 과나코를 가축으로 개량한 것으로 안데스 중부 지역에서 많이 기릅니다. 중요한 운송 수단이었을 뿐만 아니라, 털로는 양모를 만들고 기름으로는 등잔불을 지폈으며, 배설물은 연료나 비료로 사용했답니다.

 **그림 속 탐험 여행**

중앙아메리카에 꽃핀 문명

중앙아메리카는 현재의 멕시코 연방, 과테말라, 온두라스, 엘살바도르, 니카라과의 일부에 해당하는 지역을 가리키는 말입니다. 북아메리카 대륙과 남아메리카 대륙 사이에 있는 지대라는 뜻으로 메소아메리카라고 부르기도 해요.

중앙아메리카 민족들은 옥수수 재배를 바탕으로 농업 경제를 일으켰어요. 그리고 감자, 고구마와 같은 구근 작물, 완두콩, 카카오 등도 재배했습니다.

멕시코의 중앙 고원은 해발 2,000미터에 이르며, 강수량이 많습니다. 기온은 멕시코 만의 해변에 가까워질수록 조금씩 높아집니다. 바로 이 지역에서 오르메카 문명, 테오티우아칸 문명, 마야 문명, 톨테크 문명, 아스테카 문명이 발전한 것입니다. 그중에서 최초의 문명은 오르메카 문명입니다. 그 기원은 아직 신비에 싸여 있지만 기원전 1200년대에 이미 번영을 누리고 있었답니다.

기원후 300년경부터 융성한 마야 문명은 아메리카 고대 문명에 대해 놀라움을 금치 못하게 합니다. 티칼, 팔렌케, 코판, 치첸이트사와 같은 도시에서 발견되는 독특한 유적과 유물들은 마야 문명이 최고의 문명을 창조해 냈음을 증명하고 있습니다. 마야 인들은 여러 개의 도시 국가로 나뉘어 살았습니다. 각 도시의 귀족이나 성직자들이 도시를 다스렸고, 그들은 모두 대사제의 명령을 따랐습니다. 토지는 공동 소유였고 옥수수, 호박, 타피오카, 카카오를 재배했습니다.

마야 인들은 독특한 방식의 고무공 놀이를 즐겼습니다. 고무공을 양손과 발로 던져 경기장 양옆에 놓인 돌로 만든 원 안에 들어가게 하는 놀이였는데, 이것은 단순한 놀이의 차원을 떠나 종교적인 의미를 갖고 있었답니다.

이처럼 번영을 누리던 마야 문명은 10세기경 심각한 위기가 찾아와 태평양 지역과 마야 제국 중부 지역은 모두 버림을 받게 됩니다. 가까스로 살아남은 마야 인들은 유카탄 반도로 옮겨 가 또다시 마야 문명을 일으켰습니다.

당시 고대 마야 문명에 닥친 위기가 구체적으로 어떤 것인지는 밝혀지지 않았습니다.

유카탄 반도로 이주하여 새롭게 일으킨 마야 제국은 인구의 급격한 증가로 결국 다시 위기를 겪습니다. 즉, 생태계가 파괴될 정도로 과도하게 자연 자원을 사용한 나머지 멸망의 길로 들어서게 된 것입니다. 그리고 16개의 도시 국가로 분열되어 붕괴를 눈앞에 두고 있던 1524년, 스페인 사람들이 마야 제국에 발을 내딛습니다.

비슷한 시기, 조금 더 북쪽인 태평양과 멕시코 만 사이에는 아스테카 제국이 번영을 누리고 있었습니다. 멕시코 중부 지역은 이미 테오티우아칸 문명과 톨테크 문명이 융합된 상태였어요. 멕시코 북쪽에서 내려온 아스테카 인들은 이곳의 지배권을 쟁취한 다음, 오랜 세월 동안 중부의 도시 국가 민족들과 전쟁을 벌였어요. 일을 부리거나 제물로 바칠 노예를 구하기 위해서였답니다. 그 결과 아스테카 인들은 전쟁에서 패한 부족들을 기반으로 번영을 누렸습니다.

현재의 멕시코시티는 예전 아스테카의 수도인 테노치티틀란입니다. 당시 테노치티틀란은 수많은 운하로 둘러싸여 있었습니다. 지금은 운하를 메워서 도로를 만들었답니다.

또 테노치티틀란에는 시장으로 사용하던 거대한 광장도 있었어요. 시장에서는 해마다 300만 개 이상의 면직물 상품과 헤아릴 수 없을 정도로 많은 노예가 거래되었던 것으로 보입니다.

샅바 차림에 큰 귀고리를 달고 뽐내고 있는 마야 귀족

밤의 의식이 새겨진 방패
재규어 왕이 자기 신부의 머리 위로 횃불을 들고 있습니다.
(기원후 7~8세기, 약칠란 피라미드 유적, 멕시코)

전쟁터의 마야 인들

고대 마야 도시인 보남파크의 한 궁전에서 기원후 8세기경 마야 인들이 전쟁에서 승리한 모습을 그린 벽화 몇 점이 발견되었습니다. 줄을 지어 행군하는 군인들과 적군을 향해 뛰어드는 마야 용사의 모습도 보입니다.

태양 숭배

마야 인들은 열대 지방의 태양이 쏟아 내는 열과 빛이 에너지라는 것을 알고서 태양을 숭배했습니다. 초창기 마야에서 제작된 조각품들 중 몇 가지는 태양신에게 바쳐진 것이었어요. 그들은 태양이 서쪽으로 사라지는 석양 무렵의 풍경이 그들이 알고 있는 야생 동물 중에서 가장 강한 재규어와 비슷하다고 생각했답니다.

마야 인의 피라미드

건축물인 동시에 예술품인 피라미드는 마야 인들이 태양과 태양을 둘러싼 행성들을 어떻게 생각했는지 보여 줍니다.

방사형 9층 피라미드
하늘의 움직임을 상징하는 피라미드
(치첸이트사, 멕시코)

잉카 인과 음악

잉카 인들은 음악을 아주 중요하게 생각했습니다. 종교 의식을 치를 때나 군사들이 활동을 할 때나 늘 음악이 사용되었기 때문이랍니다. 나팔 소리로 황제의 군대가 왔음을 알렸고, 북소리로 황제의 군대가 지나갈 때 위엄을 나타냈습니다.

정치

아메리카 제국들

안데스 산맥과 중앙아메리카 고원은 아메리카 대륙에서 가장 먼저 경제 구조를 확립한 곳이었습니다. 아메리카 대륙에서 가장 발전했던 세 가지 문명, 곧 마야 문명, 아스테카 문명, 잉카 문명이 번성한 곳이 바로 이 두 지역이었거든요. 하지만 마야 문명은 10세기부터 무너지기 시작했어요. 그와 달리 아스테카 문명과 잉카 문명은 15세기까지도 단단한 기반과 강한 권력을 바탕으로 제국에 활력을 불어넣으며 번영을 누렸습니다.

아스테카 인들의 수도

아스테카 제국의 수도는 중요 도시들과 제방 도로로 연결한 테노치티틀란입니다. 15세기 당시, 이 도시에는 20만 명의 사람들이 살고 있었답니다. 도시 북부에는 상업 지구가 있었는데 수만 명을 수용할 수 있었습니다. 신전들은 도시에서 멀리 떨어진 지역에 성벽으로 둘러싸여 있었습니다.

거래 상품

시장에서는 면으로 만든 망토, 공구와 연장, 도자기, 뼈로 만든 칼, 깃털, 돗자리, 금과 조개껍질로 만든 장신구 등이 거래되었습니다. 또한 전쟁 포로나 빚 때문에 노예가 된 사람들을 사고파는 노예 시장도 있었어요. 아스테카 인들은 카카오와 모포를 돈처럼 사용했답니다.

인간 제물

아스테카 인들의 종교에서는 인간이 신의 제물로 선택받아 희생되는 것을 대단히 숭고하고 가치 있는 일로 여겼습니다. 그로써 신들에게 영양분을 공급할 수 있다고 믿었기 때문입니다.

제물을 바치는 의식은 보통 신전의 피라미드 꼭대기에 마련된 돌 제단 위에서 진행되었어요. 그곳에 옷을 벗긴 희생자를 눕혀 놓고 네 명의 사제가 그를 붙잡고 있는 동안, 손으로 가슴을 찢어 심장을 꺼냈습니다. 그러고 나서 여전히 몸부림치는 희생자를 계단으로 굴러 떨어뜨렸습니다. 의식이 끝나면 시신을 거두어 죽은 희생자를 집으로 돌려보냈습니다. 그런데 몇 가지 역사적 흔적을 살펴보면, 죽은 희생자를 집으로 돌려보내지 않고 희생자의 시신을 먹는 의식을 치르기도 했다고 합니다.

그렇다면 왜 제물이 된 희생자는 피라미드의 길고 긴 계단을 올라갔다가 아래로 굴러 떨어졌을까요? 아마도 희생자가 계단을 올라가는 것은 절정을 향해 올라가는 젊은 태양을 상징하는 것으로, 계단 아래로 굴러 떨어지는 것은 하늘에서 땅으로 돌아가는 석양의 태양을 상징하는 것이 아닐까 추측하고 있습니다.

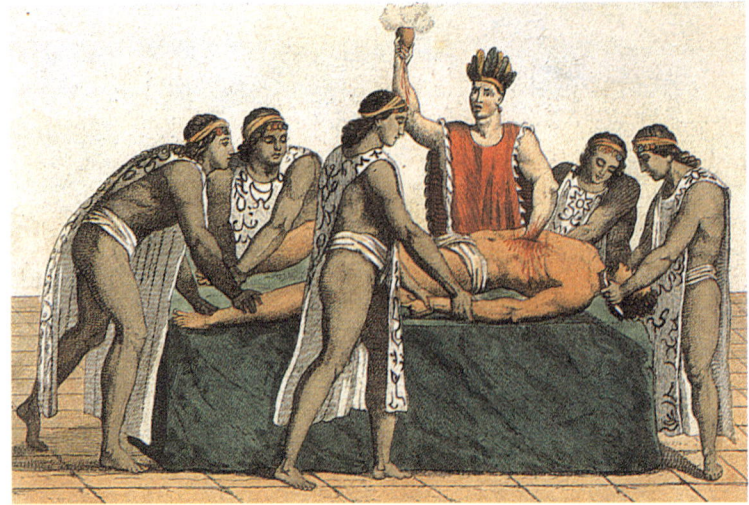

희생자의 심장을 꺼내는 사제
위 그림은 아스테카 고서에 담긴 살생 장면입니다.
(파리 인류학 박물관 소장)

종교

제물

마야 인들에게 신은 자비로운 수호신이 아니라, 수확물이나 피를 바치면서 끊임없이 아첨을 해야 호의를 베푸는 존재였습니다. 그래서 죄 없는 사람들이 피범벅이 되어 죽어 가는데도 해마다 인간을 제물로 바치는 의식을 계속했답니다. 당시에는 인간을 제물로 바침으로써 이 세상이 온전히 유지된다고 생각했던 것입니다. 이 때문에 아스테카 인들은 공물을 얻는 것 외에도 제물로 바칠 희생자를 확보하기 위해서 다른 부족과 전쟁을 했어요.

아스테카 인들의 춤
아스테카 인들은 정확하고 아름답게 춤을 추는 훌륭한 춤꾼들이었습니다. 또한 춤을 출 때 연주하는 북을 신성한 악기라고 생각했어요. 그래서 더럽히지 않도록 땅에 내려놓지도 않았답니다.

중앙 광장

아스테카 제국의 수도인 테노치티틀란에 있는 신성한 광장에서는 땅의 여신들에게 바치는 춤 의식이 치러졌습니다. 사람들은 손과 팔만 움직이는 동작으로 몇 시간 동안 계속 춤을 춰야 했답니다.

춤 동작의 실수

춤을 출 때 몇 번 이상 틀린 동작을 하면 벌을 받거나 그 자리에서 바로 처형을 당했습니다.

그림 속 탐험 여행

안데스 고원 위에 꽃핀 문명

해발 4,000미터에 이르는 안데스 고원에는 낙타과의 동물을 이용하는 민족들이 살았습니다. 이 동물들은 알파카와 라마 양모를 제공해 주었어요.

기원전 1000년부터 기원전 800년까지 페루 고원 지대에서는 차빈 문명이 번성했답니다. 모체 인들을 비롯해서 나스카, 치무, 그리고 기원후 16세기 스페인의 공격으로 멸망한 잉카 제국도 이 차빈 문명을 숭배했어요.

잉카 인들은 열악한 환경에서도 자연의 장애물들을 극복하고 도로를 건설한 뛰어난 건축가들이었습니다. 그들은 강을 가로지르는 돌다리와 까마득히 높은 허공을 건널 수 있도록 포도나무 덩굴을 엮어서 긴 육교를 만들었어요.

중앙아메리카 민족들처럼 잉카 인들도 자신들의 왕이 신이라 생각했습니다. 또한 아스테카 인들과 마찬가지로 태양을 종교적으로 매우 중요하게 여겼고, 힘의 상징으로 받들었답니다.

한편, 잉카 인들은 누구든 도움을 필요로 하는 사람이 있으면 도와야 한다는 단결 의식을 갖고 있었습니다. 이같은 단결 의식과 평등주의, 그리고 각자의 나이와 능력에 맞게 자신의 본분에 최선을 다한다는 원칙이 잉카 문명 사회의 바탕이 된 것입니다.

예술

신비의 도시, 마추픽추

잉카 제국의 수도였던 쿠스코 시 북서쪽의 우루밤바 계곡에는 신비의 도시 마추픽추가 있습니다. 2,430미터의 높이에 하늘을 찌를 듯한 가파른 절벽과 봉우리들로 둘러싸여 있기 때문에 사람들은 이 도시를 '공중 정원'이라고도 부른답니다. 이 거대한 도시는 인구를 2만 명까지 수용할 수 있었어요. 궁전과 신전, 학교, 공장, 주거지와 묘지뿐 아니라, 농작물 경작지, 천체 관측소까지 있었습니다.

이 공중 도시에 들어가려면 '뱀의 문'이라고 불리는 좁은 문을 통과해야 한답니다. 거대한 산과 빽빽한 밀림, 마추픽추 주위를 해자처럼 감싸는 우루밤바 강이 있어서 어떤 학자들은 마추픽추가 잉카 인들의 요새였다고 주장하기도 합니다.

잉카 인들이 사용한 달력
잉카 인들은 태양을 사람처럼 생각해서 둥그런 얼굴 주변에 광선을 그려서 태양을 나타냈답니다. 달력도 태양력을 사용했습니다.

예술

아나사지 인

'아나사지'는 고대인이라는 뜻입니다. 지금으로부터 약 1000년 전, 미지의 토착민인 아나사지 인들은 현재 미국의 4개 주 경계 구역에서 살고 있었습니다. 4개 주 경계 구역이란 콜로라도 주, 유타 주, 뉴멕시코 주, 애리조나 주의 네 모서리가 맞닿아 있는 경계 지역을 가리키는 말입니다. 아나사지 인들은 고대 북아메리카에서 가장 거대한 벽돌 건축물인 푸에블로를 건설했습니다. 아나사지 인들의 건축물들 중에서 뉴멕시코 주에서 발견된 건축물만 해도 무려 2만 5,000개가 넘는답니다.

아나사지 인들은 호호캄 인, 모골론 인들과 함께 애리조나 주와 뉴멕시코 주 남서부의 황량한 사막 문화에 활력을 불어넣었습니다. 이들은 소규모 거주지에서 옥수수와 콩 등을 재배하며 살았던 농경 민족이었습니다.

푸에블로

가장 큰 건물인 차코 캐니언의 푸에블로 보니토의 모습을 재구성한 그림입니다. 5층 높이에 가로는 220미터, 세로는 105미터에 달합니다. 또한 푸에블로는 250개의 방으로 구성되어 있어요. 이 공동 주택을 건설하는 데 무려 3,000만 개 이상의 바위가 사용되었다고 합니다.

푸에블로 내부 ▶

11~12세기 초에 건설된 차코 캐니언 소재의 푸에블로 델 아로요 내부의 모습입니다. 무너진 천장 대들보와, 큰 바위 사이에 사각형의 얇은 돌판으로 빈틈을 채워 넣어 단단히 쌓은 벽이 눈에 띕니다.

◀ 문

차코 캐니언에 있는, 1100년경에 제작된 푸에블로 보니토의 단단한 벽에 뚫은 문의 모습이 보입니다. 위층과 아래층 사이의 바닥은 무너져 있습니다. 구석에 있는 구멍을 포함해 위층의 뚫린 것들은 창문으로 추정됩니다.

건축

차코 고전 시대 건축에 속하는 것은 카사 그란데와 규모가 큰 그랜드 키바입니다. 카사 그란데는 장방형 또는 D자 모양을 하고 있으며 조금 높은 편입니다. 푸에블로 보니토는 그중에서 가장 오래되고 가장 면적이 넓은 건물입니다. 그랜드 키바는 지름이 15~20미터에 이르는 거대한 원형 테두리에 둘러싸여 있습니다.

위에 보이는 두 개의 사진은 푸에블로 보니토의 그랜드 키바 유적지입니다. 그리고 아래에 보이는 사진은 푸에블로 보니토의 전경입니다.

차코 캐니언

차코 캐니언은 북서부에서 가장 건조한 지역 중 하나인 콜로라도 고원의 동쪽, 산후안 저수지의 중간에 자리한 해발 2,000미터 높이의 계곡입니다. 아나사지 인들은 기원후 1300년 무렵까지 푸에블로 시대의 문화 전반에 영향을 끼쳤습니다. 기원후 700년에서 1100년까지는 차코 고전의 시대라고 부른답니다.

도자기

건축물과 함께 무늬를 넣은 도자기를 만드는 것은 아나사지 인들이 좋아하던 예술적 표현 방식이었습니다. 이들은 작업용 선반 같은 것은 알지 못했습니다. 대신 광물로 물감을 만들고 입으로 씹은 유카 잎을 붓처럼 사용했답니다. 지금도 아나사지 인들의 후손인 호피 족은 고대에 선조들이 만든 것과 비슷한 도자기를 만들고 있습니다.

그림 속 탐험 여행

터전을 잃어버린 북아메리카 원주민들

중앙아메리카와 남아메리카의 고대 세계는 기원후 16세기에 순식간에 사라져 버리고 말았습니다. 유럽 정복자들의 잔인하고 거침없는 공격을 받았기 때문입니다. 북아메리카에 발을 내디딘 정복자들 역시 원주민들을 학살하기는 마찬가지였습니다. 학살당하지 않은 원주민들은 고지대나 살기 힘든 지역으로 내쫓겼습니다. 그러나 중앙아메리카나 남아메리카처럼 한순간에 행해진 것은 아니어서 이들의 세계는 조금 더 더디게 붕괴되어 갔습니다. 하지만 토착민들이 수세기 동안 들소를 사냥하면서 이루어졌던 평원의 생물학적 균형은 급속도로 무너졌습니다.

북아메리카는 고도의 높낮이에 따라 문화도 다르게 발전했습니다. 북부의 사냥꾼 종족인 이누이트 족은 빙하기에 적응하여 바다표범과 순록 등을 사냥했습니다. 로키 산맥에서 미시시피 계곡까지 펼쳐진 그레이트플레인스(대평원) 지역에는 까마귀, 늑대, 들소 들이 있었습니다. 토착민들은 미주리 주에 길게 펼쳐진 땅에서 농사를 지으며 일 년에 몇 번씩 들소 사냥을 나갔답니다. 미시시피 강 주변에 살던 사람들도 농사를 지으면서 대도시를 건설했습니다. 이들은 도시에 있던 장방형의 고분을 밑단으로 삼아 그 위에 나무와 짚으로 신전을 지었습니다.

수많은 북아메리카 부족들이 천천히 몰락하기 시작했습니다. 기원후 16세기에는 북아메리카 남동부, 플로리다 지역, 코스타 아틀란티카에 살던 30여 개의 부족들이 고향을 잃고 서부로 이주했습니다. 남서부에서는 약 60개 부족이 점점 살 곳을 잃게 되었답니다. 호피 족은 16세기에, 아파치 족과 나바호 족은 18세기에 고향을 떠나야 했습니다.

북아메리카의 심장인 그레이트플레인스에서는 18세기와 19세기 사이에 유럽 출신의 농부들이 들어오면서 북부의 사르시 족, 중부의 수 족, 남부의 코만치 족 등 30개 이상의 부족들이 몰락했답니다. 동부 고원에서는 19세기 중반까지 34개의 부족이 사라져 갔고, 캘리포니아에 살던 50여 개의 부족은 그보다 반세기 전에 고향에서 쫓겨나기 시작했습니다.

북서부 해안의 30개 부족도 같은 일을 겪어야 했어요. 북극 근처에 살던 34개 부족은 그래도 다른 부족들보다는 몇 십 년 더 버틸 수 있었습니다. 그러나 1850년 이후 북극 근처에서 살던 이누이트 족도 고향을 잃어버렸고, 22개 부족이 순식간에 사라졌습니다. 또 휴런 족과 모히칸 족을 포함한 37개 부족이 살던 북동부 쪽은 18세기부터 재앙을 겪게 되었습니다.

인디언들과 이야기를 나누는 윌리엄스 목사

종교의 자유를 찾아 북아메리카 땅을 밟은 이주민들이 무사히 정착할 수 있었던 것은 모두 원주민의 도움이 있었기 때문이에요. 원주민들은 고달프고 지친 이주자들을 가엾게 여겨 따뜻하게 대해 주었답니다. 그들이 무사히 추운 겨울을 날 수 있도록 도와주었고, 옥수수 재배법을 알려 주어 정착하는 데 큰 도움을 주었습니다.

미국 청교도들이 행하는 비민주적인 종교 차별에 항의했다가 매사추세츠에서 추방된 로저 윌리엄스 목사 역시 원주민들의 보호를 받았어요. 윌리엄스 목사는 원주민들의 언어를 배우며 이주자들과 원주민들 간의 우호를 다지기 위해 노력했답니다.

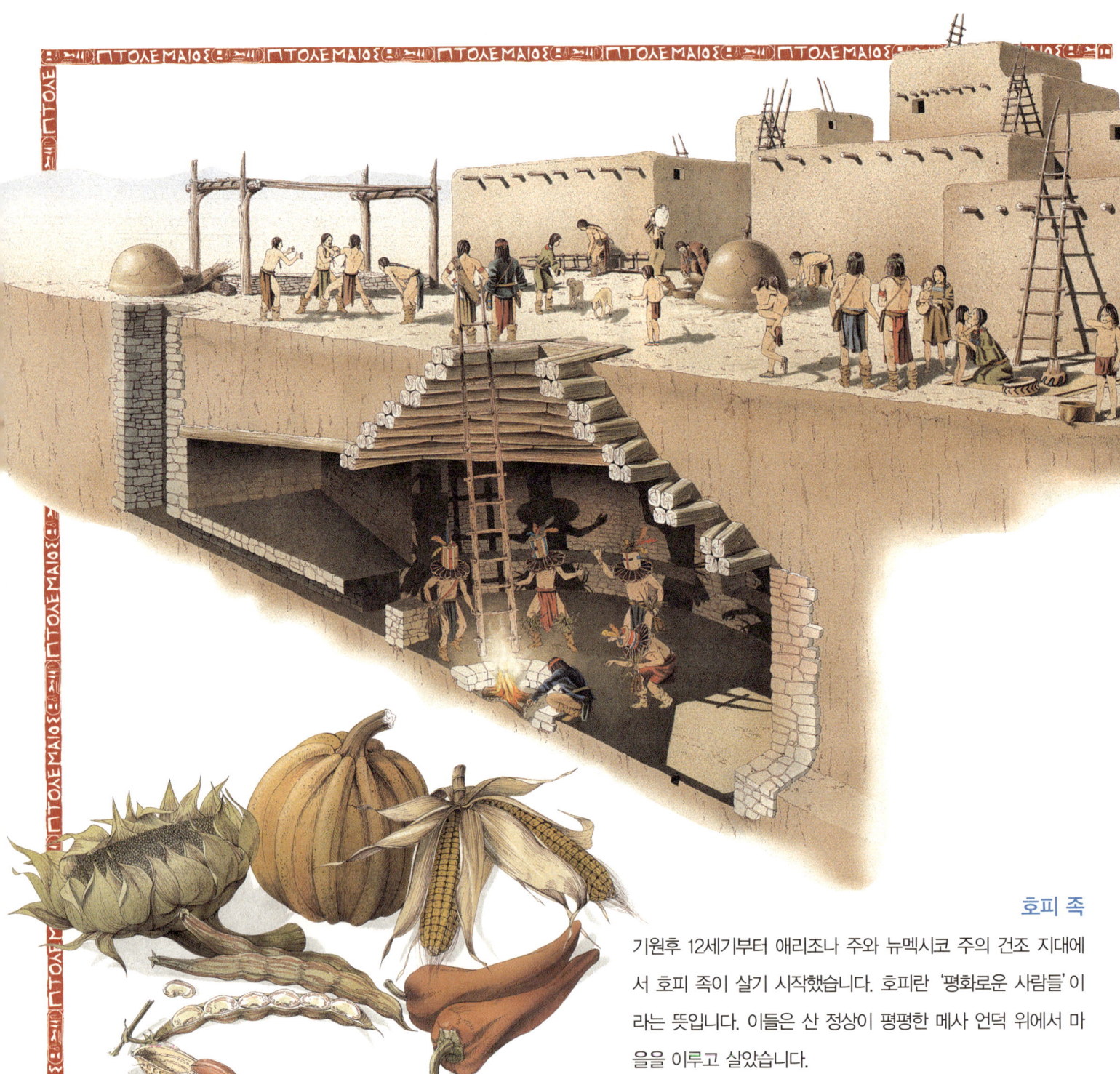

호피 족

기원후 12세기부터 애리조나 주와 뉴멕시코 주의 건조 지대에서 호피 족이 살기 시작했습니다. 호피란 '평화로운 사람들'이라는 뜻입니다. 이들은 산 정상이 평평한 메사 언덕 위에서 마을을 이루고 살았습니다.

호피 족에게 신은 옥수수가 잘 자라도록 비를 내려 주는 굉장히 소중한 존재였답니다. 그래서 '키바'라고 하는 지하실에서 종교 의식을 거행했습니다.

농산물

북아메리카 토착민들의 농산물은 길고 긴 세월에 걸쳐 이루어 온 농경 생활과 지역 환경에 알맞은 작물을 선택 재배한 결과로 맺어진 결실입니다. 북아메리카의 토착민들 덕분에 유럽 인들도 옥수수, 호박, 고추, 완두콩, 땅콩, 해바라기 같은 작물들을 알게 되었습니다. 이 작물들은 지금은 전 세계로 퍼져 나가 많은 사랑을 받고 있습니다.

옥수수 재배

겨울이 끝나면 삽으로 15~20센티미터 정도 땅을 파서 씨앗을 심었습니다. 옥수수는 여름에 비를 맞으면서 쑥쑥 자란답니다.

생활

인디언

콜럼버스가 아메리카를 인도라고 착각한 탓에, 수세기 동안 아메리카 토착민들은 '인디언'이라고 불렸습니다. 대부분의 인디언 부족이 북아메리카 대평원으로 들어와 자신들만의 생활 방식을 만들었어요. 그러면서 수많은 문명이 탄생되었답니다. 캘리포니아 주변의 인디언들은 주로 낚시를 했고, 평야 지대에 살던 만단 족은 일 년에 몇 번씩 들소 사냥을 나갔습니다. 남서부 건조 지대에 사는 사람들은 농사일을 하면서 살았고, 사막에서는 주로 사냥을 하거나 나무뿌리를 채집했어요.

들소 사냥

그레이트플레인스의 토착민들은 말을 탈 줄 몰랐기 때문에 걸어 다니면서 들소를 사냥했습니다. 하지만 들판에서 들소와 정면 대결을 할 수는 없었지요. 그래서 해마다 절벽에서 소 떼가 지나가기를 기다리며 숨어 있다가 갑자기 몸을 드러내어 소 떼가 놀라 벼랑으로 떨어지도록 했답니다. 그러면 아래로 떨어져 죽은 들소를 가지고 가기만 하면 되었던 거지요.

제5부 (1) 아프리카

최초의 인류가 나타난 아프리카 대륙은 오스트랄로피테쿠스부터 호모 사피엔스까지 인류의 진화가 이루어진 중요한 곳입니다. 원시 인류는 동아프리카 지구대의 사바나에서 생활하면서 진화했습니다. 동아프리카 지구대는 현재 시리아에서 모잠비크까지 약 5,000킬로미터 정도의 계곡이 펼쳐져 있는 깊은 침강 지대랍니다.

고대 이집트 문명이 발생하기 전부터, 즉 기원전 2700년경 이전에도 아프리카에는 사냥과 채집을 하는 부족들이 살았습니다. 이후 이집트 문명은 근동아시아 및 지중해 유역과 수많은 접촉을 하면서 정착되었습니다. 하지만 그 밖의 다른 지역, 예를 들어 북부의 아랍 문화권이나 유럽의 서남부 지역처럼 오랫동안 농업을 통해 고대 역사를 발전시킨 지역과는 접촉이 없었답니다. 바로 이 시기에 외부와 단절된 아프리카 대륙에서 거대 왕국과 제국이 발전했습니다.

고대 아프리카 문명 연대표

기원전 3000년경	중앙아프리카에서 쟁기를 이용한 농업이 확산됨.

기원전 2500년경	사하라 지역이 사막화됨.
기원전 1000년경	누비아에 쿠슈 왕국이 건설됨.
기원전 900년경	노크 지역의 니제르 민족이 테라코타 등의 예술 작품을 제작함.
기원전 715년경	쿠슈 왕국(누비아 북부)의 왕들이 이집트를 정복하여 왕조를 설립함. 샤바카 왕 때 누비아 인들의 쿠슈 왕국이 최고 전성기를 누림.
기원전 600년경	노크 인들이 철을 채굴하기 시작함.

기원전 525년	페르시아의 캄비세스 2세가 이집트를 정복한 후, 쿠슈 왕국의 수도였던 나파타를 함락시킴. 이후 누비아 인들은 메로에를 새 수도로 정함. 메로에 왕조 시작.
기원전 400년경	모리타니에서 동(구리)을 사용하기 시작함.
기원전 300년경	메로에 왕조(쿠슈 왕국)가 다시 전성기를 누림.
기원후 40년	모리타니가 로마에 합병됨.
기원후 100년경	아프리카 사하라 지역에 낙타가 유입됨.
기원후 150년경	베르베르 족과 만딩고 족이 나이저 강을 점령함.
기원후 250년경	악숨 왕국이 홍해의 무역 통제권을 장악함.
기원후 300~400년경	아프리카 남서부의 반투 족이 가축 사육을 시작함.
기원후 325년경	악숨 왕국에 그리스도교(콥트 정교회)가 전파됨.

기원후 350년경	악숨 왕국이 메로에를 함락하고 쿠슈 왕국을 멸망시킴.
기원후 397년	마우리 족의 족장 길도가 로마 황제 호노리우스에게 반란을 일으킴.
기원후 400년경	동아프리카에 철의 사용이 확산됨.
기원후 500년경	가나 왕국이 서아프리카의 최강 제국이 됨.
기원후 550~600년경	수단의 누비아 인들에게 그리스도교가 전파됨.
기원후 640~711년경	아랍 인들이 북아프리카로 세력을 넓히면서 이 지역에 이슬람교가 전파됨.
기원후 800년경	차드 지역에 카넴 왕국이 건설됨.
기원후 900년경	나이저 강 하류에 길게 펼쳐진 비옥한 지역을 중심으로 카사르 하우사 족이 도시 국가를 세우고 상업과 수공업으로 번성함.
기원후 1000년경	남아프리카의 짐바브웨에 철기가 도입됨.
기원후 1000년경	말리 제국이 세력을 넓혀 번성하기 시작함.

기원후 1050년경	나이지리아에서 요루바 문명이 번성함.
기원후 1076년	베르베르 족을 통합한 무슬림 왕조인 알모라비드 왕국이 가나 왕국을 함락시키고 모로코와 스페인 지역을 정복함.
기원후 1150년경	요루바(나이지리아) 공동체 국가가 부상함. 에티오피아에서는 악숨 왕국이 다시 건설되기 시작함.
기원후 1200년경	베냉 왕국이 탄생함.
기원후 1250년경	나이지리아에 하우사 도시 국가 연맹이 형성됨.
기원후 1415년경	유럽 인들의 아프리카 대륙 탐험이 시작됨.

 지도로 배워요

고대 아프리카 문명을 꽃피운 민족들은 누구일까요?

말리 제국

말리 제국은 나이저 강 유역에 근거지를 두고 세력을 확장하였습니다. 만딩고 족이 정치적 집단을 이룬 것은 훨씬 더 오래전이지만, 제국으로 성장한 것은 순디아타 왕이 왕위에 올라 여러 부족과 동맹을 맺으며 나이저 강 유역을 정복한 이후부터입니다. 말리 제국은 1240년에 순디아타 왕이 가나 왕국의 땅이었던 아프리카 서부를 장악하면서 15세기 초반까지 전성기를 누렸습니다. 당시 말리 제국의 지배권은 대서양에서 나이저 계곡까지, 사하라 사막 오아시스에서 열대 삼림 지역까지 뻗어 있었답니다. 그리고 말리 제국의 수도인 통북투는 14세기에 문화 전파의 중심지로 유명해졌어요. 그러나 점차 쇠락하여 15세기 말에는 송가이 왕국에 무너지고 말았습니다. 그러나 역사상 말리 왕국이 완전히 없어진 것은 17세기 무렵이랍니다.

말리 제국
수도인 통북투를 재구성한 모습

베냉 왕국

기원후 12세기 말에 세워진 베냉 왕국은 15세기에 최고의 전성기를 누렸습니다. 1484년 포르투갈의 탐험가들이 처음으로 베냉에 상륙했을 때, 그들은 강력한 중앙 집권 체제를 이룩하여 거대한 도시를 이루고 살아가고 있는 베냉 사람들을 발견했던 것입니다. 당시 베냉 민족은 노예들을 부리고 있었고, 인간 제물을 바치는 풍습도 있었습니다. 이후에 그들은 노예를 잡아 유럽 인들에게 파는 노예 무역을 했는데, 덕분에 17세기부터 18세기까지 크게 번영을 누렸습니다. 그러나 19세기에 노예 수출이 금지되면서 국력이 쇠약해지기 시작했습니다.

베냉 인들은 구리를 다루는 기술이 뛰어나며, 그들이 만든 예술 작품은 수준이 매우 높습니다. 특히 청동 두상이나 상아로 만든 귀금속이 유명합니다.

베냉 왕국
베냉 여왕의 청동 두상

반투 족의 대이동

기원전 10세기경부터 반투어를 쓰는 민족들이 가봉과 콩고 분지를 떠나 남쪽으로 이동하기 시작했어요. 일부는 다시 북쪽으로 올라가 에티오피아 등지에 정착했고, 일부는 남쪽의 잠비아와 짐바브웨 등지에 정착했습니다. 반투 족은 독자적으로 철기 문명을 발전시켰답니다. 기원전 2세기부터 철기를 사용한 것으로 알려져 있어요. 그 결과 쇼나 족은 여러 제후국들을 다스리는 '위대한 제국 짐바브웨'를 건설했습니다. 하지만 그레이트 짐바브웨의 힘이 약화되자 또다시 많은 반투 족들이 남쪽에 나라를 세웠답니다. 로지 족은 바로체 왕국을 세웠고 마라비 족은 마라비 왕국을 세웠습니다. 이 왕국들이 오늘날의 잠비아와 말라위입니다.

돔형 화덕
잠비아 남동부에서 발견된 화덕

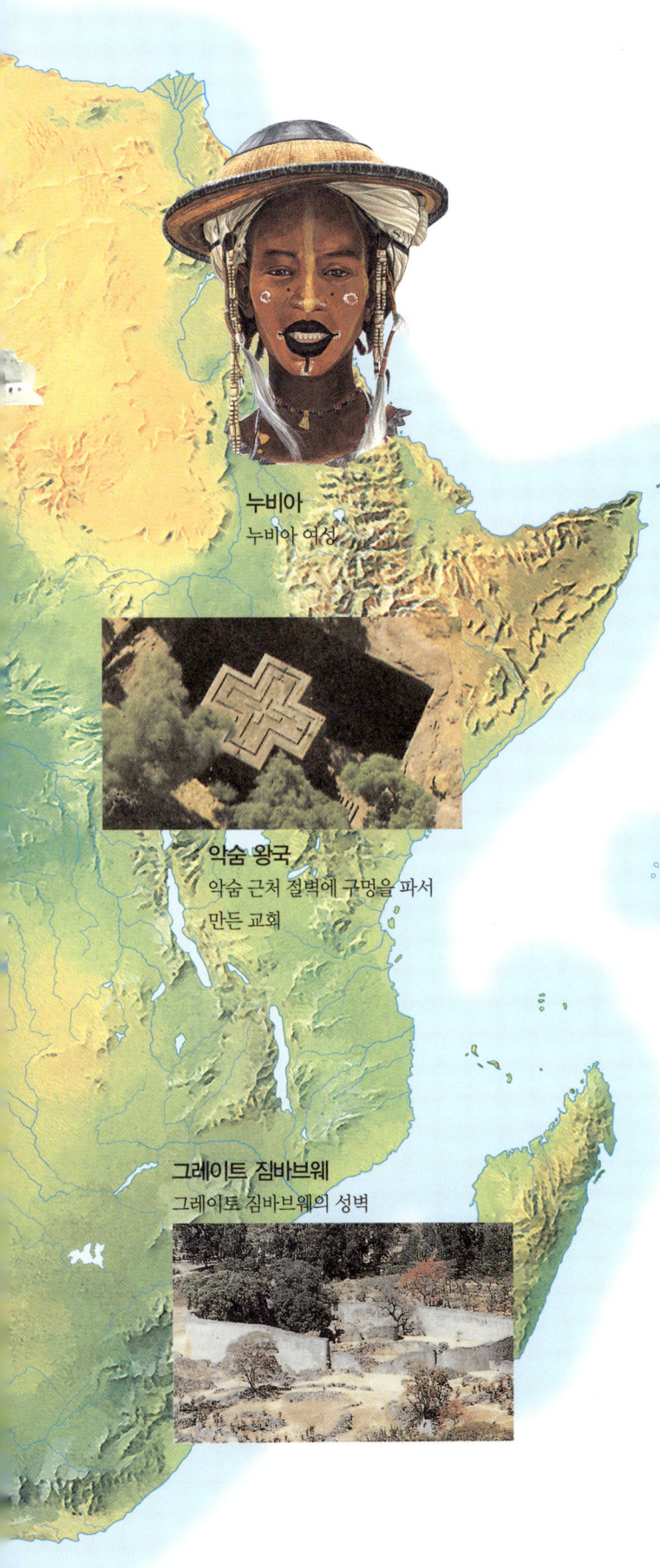

누비아
누비아 여성

악숨 왕국
악숨 근처 절벽에 구멍을 파서 만든 교회

그레이트 짐바브웨
그레이트 짐바브웨의 성벽

누비아 인과 메로에 왕조

나일 강 상류 누비아 지방에 살았던 사람들을 누비아 인이라고 부릅니다. 그들은 수세기 동안 정치적, 경제적으로 이집트의 통제와 영향을 받았어요. 예술과 종교, 건축에서 이와 같은 점을 찾아볼 수 있답니다.

누비아 인들이 세운 왕국을 '쿠슈 왕국'이라고 부릅니다. 쿠슈 왕국은 기원전 715년경 이집트를 정복해서 이집트 제25왕조(에티오피아 왕조)를 열기도 했답니다. 그러나 기원전 660년 무렵 아시리아 인들에게 쫓겨 남쪽으로 밀려났어요.

누비아 인들은 기원전 4세기에 새로운 수도의 이름을 따서 다시 '메로에 왕조'를 열었습니다. 그리고 수세기에 걸쳐 메로에 벽돌과 바위로 만든 거대한 왕궁과 누비아의 신 아페데마크(사자)를 모시는 신전 및 피라미드 등을 건설했습니다. 하지만 기원후 4세기, 메로에 왕국은 악숨 왕국에 의해 완전히 멸망당하고 말았습니다.

악숨 왕국

기원전 120년경에 홍해 남부 지역(지금의 에티오피아 지역)에 악숨을 도읍으로 한 왕국이 세워졌어요. 악숨 왕국은 기원후 3세기부터 발전하기 시작해서 마침내 4세기경에는 메로에 왕조를 무너뜨렸습니다. 기원후 525년에는 아라비아의 예멘 지역까지 정복하지만, 572년 페르시아 인들에 의해 아라비아에서 쫓겨나면서부터 쇠약해지기 시작했습니다.

악숨 왕국은 아프리카 대륙에서 최초로 그리스도교를 수용한 나라였습니다. 당시 이집트의 콥트 정교회를 받아들였어요. 그래서 악숨 왕국은 종교적인 그림이 담긴 탑을 만들고 암석을 뚫어서 교회를 건설했답니다.

그레이트 짐바브웨

그레이트 짐바브웨 왕국은 기원후 10세기부터 15세기까지 아프리카 남동부에서 발전했습니다. 이 왕국의 상인들은 황금, 구리, 주석, 철 등을 외국에 팔아 큰 부를 누렸답니다. 한때 유럽의 고고학자들이 그레이트 짐바브웨의 유적지를 가리켜 솔로몬 왕의 전설에 나오는 '오필 왕국'이라고 발표하기도 해서 많은 도굴꾼들이 몰려들었어요. 당시 짐바브웨 왕국의 수도 면적은 약 40만 제곱미터로, 성벽으로 둘러싸인 지역으로는 동아프리카에서 가장 큰 규모입니다.

제5부 (2) 오스트레일리아와 태평양의 섬들

호모 사피엔스들이 오스트레일리아로 이주하기 시작한 것은 지금으로부터 약 4만 년쯤 전의 일입니다. 이와 거의 비슷한 시기에 인류는 유럽으로도 진출했어요.

하지만 오랜 세월이 흘러 기원전 4000년 무렵에는 카누를 잘 다루는 아시아의 해양 민족들이 태평양의 여러 섬들에 정착하기 시작했습니다. 당시 아시아 대륙 곳곳에서는 이미 최초의 하천 문명이 발전하고 있었어요. 이들이 거친 망망대해를 헤치고 대양 한가운데에 있는 외딴섬으로 이주할 수 있었던 것은 항해술이 놀라울 정도로 발전했기 때문입니다. 마찬가지로 유럽 인들이 오세아니아 주의 대부분 지역을 식민지로 삼을 수 있었던 것도 16세기 항해술의 눈부신 발전 덕분이었답니다. 그 무렵 유럽 인들의 탐험 정신은 한창 무르익었습니다.

한편, 유럽 인들이 오스트레일리아 대륙을 식민지화하기 전까지 원주민들은 수천 년 동안 에뮤*가 가득한 땅에서 노래를 부르며 행복한 고대 문명 시대를 보냈답니다.

* 에뮤 : 에뮤과의 새. 타조와 비슷하게 생겼으며 날개와 꽁지가 퇴화하여 날지 못한다. 오스트레일리아 특산종

고대 오세아니아 문명 연대표

기원전 6000년	태평양 섬들과 오스트레일리아에 식용 동식물이 들어옴.

기원전 2000~1300년	아시아 대륙의 사람들이 인도네시아의 섬들을 거쳐 오스트레일리아와 뉴기니 섬 동부(멜라네시아)에 상륙함.
기원전 1300~150년경	비스마르크 제도에서 뻗어 나간 해양 민족이 통가, 사모아, 피지 등의 여러 섬들로 이주하면서 새로운 원주민(폴리네시아 인)을 형성함. 폴리네시아 문명이 형성됨.

기원전 150년경	마르키즈 제도가 문명화됨.
기원후 400~1000년	마르키즈 제도의 가축과 재배 작물이 폴리네시아의 삼각 지대(하와이 제도, 뉴질랜드, 이스터 섬)의 가장 끝 지역과 근처의 다른 섬으로까지 확산됨.
기원후 500년경	마르키즈 제도에서 출발한 폴리네시아 인들이 하와이 제도와 이스터 섬에 정착함.
기원후 500년경	폴리네시아 인들이 계속 동쪽으로 이동함.
기원후 700년경	이스터 섬의 주민들이 종교적 의미를 지닌 돌 제단을 만들기 시작함.
기원후 700년경	쿡 섬에 폴리네시아 인들이 처음으로 정착함.
기원후 900년경	쿡 섬에서 온 마오리 족의 선조들이 뉴질랜드 남섬에 상륙함.
기원후 1000년경	마오리 족이 뉴질랜드에 정착함.
기원후 1000년경	폴리네시아 인들이 소시에테 제도, 마르키즈 제도, 이스터 섬 등에 석조 사원을 건설하기 시작함.
기원후 1100년경	이스터 섬에 처음으로 동상이 건설됨.
기원후 1100년경	하와이에 최초의 사회 조직이 등장함.
기원후 1100년경	핏케언 제도에 폴리네시아 인이 최초로 정착함.
기원후 1150년경	마오리 족이 뉴질랜드 남섬 북부 하천 지역, 특히 와이라우 강의 계곡에 정착하여 살기 시작함.
기원후 1250년경	하와이 제도 유역에 방대한 배수 시설이 설치되기 시작함.
기원후 1300년경	이스터 섬에 거대 석상이 건설됨.
기원후 1400년경	통가 민족이 통가 제도에서 가장 큰 섬인 통가타푸 섬에 거대한 사원을 건설함.
기원후 1500년경	포르투갈 항해자들이 태평양을 탐험하기 시작함.

지도로 배워요

고대 오스트레일리아 문명을 꽃피운 민족들은 누구일까요?

뉴기니 섬

뉴기니 섬은 태평양에서 처음으로 인간이 살았던 섬입니다. 이미 4만여 년 전부터 인간의 발길이 닿은 곳이랍니다. 이곳은 늪지가 많고 열대 삼림 자원이 풍부하답니다. 섬의 주민인 파푸아 인들은 이미 1만 년 전부터 농작물을 재배하고 가축을 기르기 시작했습니다. 파푸아 인들은 지금도 오두막과 수상 가옥을 지어서 마을을 이루고 살고 있어요. 부족은 수백 개로 나뉘어 있는데, 모든 부족은 다른 부족들과 끊임없이 전쟁을 벌이고 있습니다.

오스트레일리아

우연히 파도에 밀려온 인도네시아의 항해자들이 오스트레일리아 대륙에 정착한 것인지, 아니면 처음부터 독자적으로 살고 있었던 것인지는 정확하게 알 수 없습니다. 하지만 오스트레일리아의 토착민들은 약 4만여 년 전부터 오스트레일리아 땅에 살고 있었답니다. 아주 오래전에 오스트레일리아가 북반구 대륙과 멀어지면서 길고 긴 세월 동안 그들만의 문화를 유지한 채 살아왔어요.

하지만 인류의 항해 기술이 발달하면서 인도네시아 인들이 이 거대한 외딴섬을 찾아오는 일이 일어났습니다. 새로운 문명은 오스트레일리아의 북부 해안을 통해 전파되었고, 차츰 남부와 동부로 확산되었습니다. 토착민들이 신성시하는 산 '에어즈 록(울루루)'이 솟아 있는 중부 지역은 사막화되었습니다.

뉴질랜드

뉴질랜드의 토착민은 폴리네시아계의 마오리 족입니다. 약 10세기경부터 뉴질랜드 섬에 이주하기 시작한 것으로 추정됩니다. 전설에 의하면 그들은 하와이키라는 곳에서 왔다고 해요. 죽은 자는 지상 낙원 하와이키로 되돌아갈 수 있다고 믿었답니다. 마오리 족에게는 식인 풍습이 있었어요. 그러나 이것은 식사를 목적으로 한 것이 아니라, 승리한 자의 용맹성을 과시하기 위한 것이었답니다. 이 풍습 때문에 뉴질랜드에 상륙한 유럽 인들 중 몇 명은 식인의 대상이 되기도 했어요.

뉴기니 섬
파푸아 인의 전통 오두막

오스트레일리아
오스트레일리아 원주민

뉴질랜드
유럽 인들의 뉴질랜드 상륙

하와이

하와이는 여덟 개의 큰 섬과 스무 개 정도의 작은 섬이 모여 있는 군도로, 폴리네시아의 최북단에 자리하고 있습니다. 학자들은 기원전 13~14세기, 기원후 5~6세기의 두 차례에 걸쳐 폴리네시아 항해자들의 이주가 있었던 것으로 추정하고 있습니다.

하와이
하와이 소녀

갈라파고스 제도

갈라파고스 제도는 아메리카 대륙에서 약 1,000킬로미터 떨어진 거리에 있습니다. 이곳에는 토착민이 없고 남아메리카에서 온 동식물들만 서식하고 있었어요. 스페인 출신의 파나마 주교였던 토마스 데 벨랑가가 1535년에 페루로 가다가 이곳을 발견했어요. 이후 갈라파고스 제도는 수세기 동안 해적과 고래 사냥꾼들의 요새가 되었답니다. 1831년 생물학자인 다윈이 갈라파고스 제도의 동물들을 관찰하면서 자연 선택에 의한 종의 기원을 연구했습니다.

갈라파고스 제도
비글호. 찰스 다윈이 갈라파고스 제도로 가기 위해 탔던 배입니다.

이스터 섬
이스터 섬의 거대 석상

이스터 섬

기원후 5세기에 이주민 개척자들이 처음 이스터 섬에 도착했을 때에는 섬 전체가 숲으로 덮여 있었습니다. 폴리네시아 인에 속하는 라파누이 인들은 몇 세기 동안을 외부 세계와 단절된 상태로 그들만의 문화를 만들면서 농업과 어업으로 생계를 유지하며 살았어요. 하지만 시간이 흐르면서 인구가 늘어나게 되자 숲이 완전히 망가져 버렸답니다.

 ## 그림 속 탐험 여행

인류의 기나긴 여행

호모 사피엔스의 길고 긴 세계 정복 여행은 아프리카에서 시작되었습니다. 인류의 기원인 아프리카 대륙에서 인류의 해부학적, 지적 발달이 시작된 거예요. 지금으로부터 약 10만 년 전에 중동 땅에 도착한 것이 인류의 첫 여행이었습니다. 그곳에서 일부는 다시 인도와 동남아시아 바닷가로 나아갔어요.

대륙의 정복자들 중 일부는 인도네시아를 경유해 남쪽으로 발길을 내디뎠습니다. 인도네시아의 여러 섬들을 거쳤는지, 아니면 뉴기니 섬을 거쳤는지는 알 수 없지만, 그들은 약 4만 년 전에 오스트레일리아에 도착한 것으로 보입니다.

중동으로 진출한 인류의 무리 중 일부는 북서쪽 또는 북동쪽으로 걸음을 재촉했습니다. 그 결과 오스트레일리아 땅에 개척자들이 도착한 것과 비슷한 시기에 유럽과 북아시아, 아메리카 대륙에도 새로운 개척자들이 살게 되었답니다.

마지막으로 인류가 넘어야 할 경계선은 태평양의 섬들이었습니다. 이 섬들이 인류에게 정복되기 시작한 것은 그보다 훨씬 뒤인 약 4000년 전의 일이에요. 아시아에서 온 용감한 항해자들이 이 섬들을 파헤치기 시작했답니다. 그 결과 인류의 영토 확장은 1000년 전 폴리네시아 인들의 배가 뉴질랜드에 상륙하면서 끝이 났습니다.

개

1만 2000년 전 남태평양 섬으로 이주해 온 사냥꾼들이 처음으로 기른 동물이 개입니다. 인류를 따라 남반구 바다의 섬까지 오게 되었어요. 개들은 섬에서 생선과 음식 찌꺼기만 먹고 살았습니다. 경우에 따라서는 주인에게 잡아먹히기도 했습니다.

경제

인류와 함께 이동했어요

수백만 년 동안 인류는 사냥과 채집을 하며 자연이 공급해 주는 식량으로 영양을 보충하며 살았습니다. 당시 인류는 사냥 대상인 동물이나 채집할 수 있는 식물을 찾아서 끊임없이 이동해야 했는데, 대개 한 무리의 부족이 함께 이동해야 했습니다.

이 같은 이동은 영구 이민이 되는 경우가 많았습니다. 학자들의 연구에 따르면, 고향에서 먼 곳으로 이동을 할 경우에도 가축과 재배 작물의 씨앗, 뿌리 등을 가지고 갔다고 합니다. 그 결과 말레이시아가 원산지인 빵나무는 남태평양의 여러 섬에서 재배되었던 것입니다.

토란과 빵나무
둘 다 열대 아시아 지역이 원산지인 식물입니다. 특히 빵나무는 남태평양 섬에 사는 원주민들의 주요 식량원입니다. 영양가가 아주 높은 열매를 맺지만 씨가 없습니다. 그래서 섬에서 섬으로 옮겨 갈 때 뿌리와 싹을 가져가야 했답니다.

돼지
인류와 함께 개척 여행에 동행했던 돼지는 식물로 뒤덮인 섬 생활에 금방 적응했습니다.

닭
동남아시아가 원산지인 닭들을 태평양 섬에서 볼 수 있게 된 것은 아시아에서 온 폴리네시아 선조들 때문으로 추측됩니다.

도구
금속을 다룰 줄 몰랐던 폴리네시아 인들은 나무와 돌로만 도구를 만들었습니다. 이 간단한 재료들로 긴 사냥용 창도 만들었답니다.

 # 그림 속 탐험 여행

생활

사냥과 채집의 공동체 생활

사람들은 아프리카와 오세아니아 대륙을 탐험하면서 근대와 현대에도 사냥과 채집을 생활 수단으로 삼고 있는 민족이 존재한다는 사실을 알게 되었습니다.

이처럼 원시 문명을 유지한 채 살아가는 사람들은 일을 분업화하지 않습니다. 모두가 다 할 줄 아는 일을 해야 하기 때문에 우두머리나 노예도 없습니다. 유일하게 일을 구분하는 것은 여자와 남자, 즉 성별에 따라 해야 할 일을 나누는 것 정도입니다. 남자들은 주로 사냥을 하고 여자들은 채소와 과일, 씨앗, 나무뿌리 같은 것을 거둔답니다.

사냥과 채집으로 삶을 영위하는 부족 사회에서는 사냥을 한 사람이 사냥감을 독차지하지 않습니다. 소속된 공동체의 구성원들 모두와 함께 나누는 평등 분배의 원칙을 지킵니다. 이것은 선사 시대의 인류 또한 마찬가지였답니다.

사람들은 이 같은 원시생활이 매우 위험할 것이라고 생각합니다. 하지만 지금까지 발견된 수많은 흔적들을 연구한 결과, 사냥과 채집으로 살아가는 공동체 생활이 전혀 힘들지도 않고 위험하지도 않다는 것을 알게 되었습니다. 오히려 수백만 가지 농업 기술을 개발하여 문명화에 성공한 인류 사회보다 더 살기 좋은 조건을 갖추고 있었답니다.

아프리카 남부에 살고 있는 부시먼 족들은 현대인보다 훨씬 적은 노동만으로도 살아갈 수 있습니다. 만일 단백질 음식을 구하고 싶다면 부시먼 족 성인 남성은 세 시간이 채 안 되는 시간만 투자하면 됩니다. 부시먼 족 여성들은 하루만 돌아다니면 가족들이 사흘 동안 먹을 수 있는 음식을 구할 수 있습니다. 요리와 호두 까기, 물 길어 오기도 하루에 평균 한 시간만 투자하면 된답니다.

부시먼 족의 삶

지금의 나미비아가 있는 칼라하리 사막 변두리에서 살고 있는 부족입니다. 이곳은 반건조 지역이지만 신기하게도 농작물 생산이 가능하답니다. '부시먼'이라는 명칭은 '덩굴 속에서 사는 야만인'이라는 뜻에서 붙인 이름입니다. 그들의 진짜 이름은 먼저 혀로 입천장을 찬 다음 '쿵' 하고 발음해야 합니다. 학자들은 산 족이라고 불러요. 부시먼 족은 그 수가 급격히 줄어들었습니다. 일부는 지금도 사냥과 채집으로 식량을 마련하며 살아가고 있습니다.

부시먼 족의 이동

부시먼 족은 본래 짐바브웨를 비롯해서 보츠와나, 남아프리카 공화국 등 남아프리카 곳곳에 퍼져 살았답니다. 하지만 반투 족들이 남아프리카로 들어오면서 쫓겨나게 되었어요. 지금은 나미비아와 보츠와나를 중심으로 앙골라 남부, 칼라하리 사막의 중부와 북부 등 한정된 지역에서만 살고 있습니다.

사냥

야영지가 멀고 사냥한 동물의 덩치가 너무 크면 그 자리에서 바로 도축을 한 뒤 뼈만 발라냈습니다. 그리고 튼튼한 막대기에 고기만 끼워 야영지까지 운반했답니다.

채집

여자들에게는 채집이 중요한 일과였어요. 남자들이 사냥을 하러 나가 있는 동안, 여자들은 숲을 돌아다니며 나무 열매나 풀의 씨앗 등을 채취했습니다. 또는 도마뱀 같은 작은 동물이나 벌레 등을 채집해서 단백질 공급원으로 삼았답니다.

부시먼 족의 암벽화
보츠와나의 칼라하리 사막에는 초디로라고 불리는 커다란 바위 언덕들이 있습니다. 이곳에는 선사 시대에 부시먼 족이 그린 것으로 추정되는 암벽화들이 4,000점도 넘게 그려져 있어 '사막의 루브르'라고 불려요. 사슴, 타조, 얼룩말 등의 동물 그림이 대부분이지만, 사람이나 기하학적 도형을 그린 그림들도 있답니다. 선사 시대 인류의 활동 모습과 아프리카 환경의 변화를 알려 주는 귀중한 자료예요.

 ## 그림 속 탐험 여행

아프리카의 농업

사헬 지대*의 수수나 서아프리카의 참마와 야자, 에티오피아의 커피와 같은 작물들은 본래부터 아프리카가 원산지랍니다. 밀과 보리는 근동아시아에서 재배되어 쟁기 사용법과 함께 북동아프리카로 유입되었어요. 그리고 나일 강 줄기를 따라 수단과 에티오피아까지 급속도로 확산되었답니다.

사하라 사막이 지금은 세계에서 제일 큰 사막으로 불리지만 약 6,000년 전만 해도 거대한 강과 연결되어 큰 호수도 많은 사바나 지역이었답니다. 그러나 비의 양이 급격히 줄어들면서 대부분의 땅이 사막으로 변해 어쩔 수 없이 사람과 함께 동식물도 북쪽과 남쪽으로 이주해야 했어요. 사하라 사막이 지금과 같이 사막으로 변한 것은 기원전 2500년경이라고 합니다.

북부 아프리카에서는 농업과 목축업이 빠르게 확산되었지만, 남부에는 그보다 한참 뒤에 전파되었습니다. 그래서 오랫동안 사냥과 채집이 주요한 생계 수단이었습니다.

사하라 남부 지대는 곡물과 구근 작물, 아프리카산 나무와 같은 열대 기후 작물들이 적합했습니다. 그러나 남부 아프리카는 대륙의 중간에 빽빽한 밀림 지대가 가로막고 있는데다 체체파리와 같은 해충들이 장해물이 되어 농작물 경작과 가축 사육이 쉽게 이루어질 수 없었습니다. 그 결과, 아프리카 남부와 남서부 끝 지역의 일부 민족들은 오랫동안 사냥과 채집에 의존하며 살았습니다. 이들 사냥꾼과 채집꾼들은 주위의 반사막 지대로 급속히 이주하기도 했답니다.

* 사헬 지대 : 사하라 사막 남쪽 지역으로 열대 초원 사이에 있는 반건조 기후 지역. 한때 풀과 작은 나무가 자라는 초원 지대였으나 현재 사막화가 심각함.

경제

부락을 이루어 살다

15세기에 포르투갈 인들이 처음으로 아프리카 서부 해안 지역을 탐험했을 때, 이미 아프리카 대륙에는 발달된 문명 사회와 작은 제국 들이 존재하고 있었습니다. 말리 제국, 베냉 왕국, 송가이 왕국 등이 대표적인 예입니다. 이들은 어느 정도 중앙 집권화를 이룩하여 왕국을 건설했습니다.

그럼에도 아프리카의 왕국 안에는 부락을 이루어 살아가는 독립적인 부족들이 많이 있었답니다. 이러한 부락 중심의 풍습은 지금도 이어지고 있습니다. 아프리카 사회를 구성하는 기본은 여러 세대가 함께 농사를 지으면서 같은 부락을 이루어 살아가는 대가족 체제입니다.

채소밭

부락 안이나 근처에는 여자들이 완두콩, 호박, 시금치 등을 기르는 밭이 있었습니다. 수확물은 여자들 개인의 것이기 때문에 남편과는 별도로 수입을 얻을 수 있었어요.

공동 토지

부락 주위에는 아프리카 기장과 고급 작물을 재배하는 부락민 공동의 농지가 있었습니다. 이 농지에서는 가장 기본적인 도구만 사용하고 대부분 손으로 작업을 했습니다. 당시에는 곡괭이가 꽤 많이 퍼져 있었어요. 부락에서 멀리 떨어진 땅은 목초지로 사용했답니다.

가옥

오두막의 벽은 기장의 줄기를 꼬아 만든 것이고, 지붕은 야자 잎을 층층이 쌓아 올린 것입니다.

그림 속 탐험 여행

다양한 민족들이 이룩해 낸 아프리카의 역사

아프리카 민족들이 역사적, 문화적으로 커다란 차이를 보이는 가장 큰 이유는 이들이 서로 다른 언어권에 속하기 때문입니다. 아프리카의 언어권은 크게 6개로 구분할 수 있습니다.

우선 북아프리카와 사하라, 사헬 지대, 아프리카의 뿔 지역*, 그리고 현재의 에리트레아 공화국, 에티오피아와 소말리아에 해당하는 지역에서 사용하는 아프리카-아시아어족이 있습니다. 그리고 나일 강 하류와 사하라 일부 지역 및 중동에서 사용하는 나일-사하라어족과 반투어족이 있습니다. 또한 남동아프리카 후예들을 비롯해 서아프리카와 중앙아프리카에 확산되어 있는 니제르-콩고어족과 남부의 코이산어족이 있으며, 마지막으로 마다가스카르 섬에서 사용되는 마다가스카르 방언이 있습니다.

기원전 8세기, 나일-사하라어족에 속하는 누비아 인들이 잠시 이집트를 정복한 적이 있었어요. 쿠슈 왕국이 이집트를 정복하여 에티오피아 왕조를 열었던 일을 말합니다. 그러다 기원전 4세기에는 다시 남쪽으로 내려가 수도를 메로에로 정하고 수준 높은 건축과 예술, 종교와 문화를 이룩한 강력한 왕국을 건설했어요. 이 누비아 인들이 바로 알파벳을 발전시킨 최초의 아프리카 민족이었답니다.

동아프리카에서는 반투어족에 속하는 민족들이 금속 가공 기술을 바탕으로 도구와 무기를 만들어 세기적인 영토 확장에 나섰습니다. 기원후 700년부터 반투 족들은 거대한 모래사장인 사하라 사막을 배경으로 주변 세계와 단절된 화려한 왕국을 건설했답니다. 반투 족은 거대한 황금의 왕국들이라 불리던 가나 왕국과 말리 왕국, 세네갈 왕국, 베냉 왕국 등을 지휘했습니다. 당시 황금은 번성한 도시에서 아랍 상인들과 물건을 교환하는 데 쓰였던 귀한 금속이었어요. 아프리카에서 수출한 금은 근동아시아와 유럽 경제에도 점점 더 중요한 요소가 되어 갔습니다.

8세기 말 북아프리카에 이슬람교가 전파된 것도 아랍 상인과의 교역 때문입니다. 아랍 상인들은 이들 반투 족과 거래를 하면서 이슬람교를 소개하기도 했답니다. 또는 아랍에 드나들던 반투 족 상인들이 이슬람교로 개종하고 돌아와 소개하기도 했어요.

기원후 1000년에서 1500년 사이 이슬람교가 남쪽으로 확산되다가 다시 나일 강 줄기를 따라 올라가면서 누비아의 기독교 왕국과 아프리카의 뿔 지역에까지 전파되었어요. 무슬림들은 이렇게 사하라를 통해 아프리카 왕국과의 접촉을 확대해 나갔습니다. 그 결과 14세기에 아프리카의 일부 왕국에서는 이슬람교가 전성기를 누렸답니다.

그러나 이슬람교의 침투와 유럽 인들의 아프리카에 대한 관심, 그리고 기원후 15세기 포르투갈 인들의 서부 해안 탐험을 시작으로 아프리카의 찬란한 고대 역사는 막을 내리고 말았습니다.

* 뿔 지역 : 에티오피아, 소말리아 등이 자리 잡고 있는 지역. 땅 모양이 코뿔소의 뿔처럼 튀어나온 데서 붙여진 이름.

종교

종교 형태

아프리카 대륙에 처음 발을 내디딘 유럽 인들은 아프리카의 부족들이 저마다 다른 형태의 종교 의식을 치르는 모습을 봤습니다. 각 부족은 자신들만의 토착 신앙을 갖고 있었던 것이지요.

아프리카의 종교 의식에는 춤과 노래, 음악이 함께 사용되는데, 이것은 태평양 주변 섬의 원주민들도 마찬가지였습니다. 특히 음악은 의식을 신성하게 해 주는 역할을 했습니다. 신성한 노래를 계속 불러야 조상신들이 이 세상을 온전하게 유지해 준다고 믿었던 것입니다.

이스터 섬

남아메리카에서 서쪽으로 약 4,000킬로미터 가량 떨어진 곳에 있는 이스터 섬은 거대 석상으로 유명합니다. 모아이라고 하는 이 석상들은 기원후 5세기경 이스터 섬에 살았던 조상들의 모습이랍니다. 기원후 11세기부터 만들기 시작했어요. 화산암을 조각한 것인데, 눈은 하얀 산호로, 눈동자는 붉은 돌이나 흑요석으로 만들었어요. 전설에 따르면 모아이의 눈에서 섬 주민들을 위한 초자연적인 힘인 '마나'가 뿜어져 나온다고 합니다.

은혜의 북

북에는 신성하고 신비로운 힘이 깃들어 있다고 믿어 왕까지 북에 제물을 바쳤습니다. 신성한 젖소에서 짠 우유를 그릇에 담아 북 앞에 오랫동안 두었는데, 이렇게 하면 북의 정령들이 북에 머문다고 믿었답니다.

우간다의 신성한 벽

우간다의 은콜레 왕국 부락에는 북을 보관하는 신성한 벽이 있었습니다. 이 벽은 비폭력의 경계선으로 누구든 이 벽 안으로 들어간 사람은 건드릴 수가 없었어요. 은콜레 왕국 사람들은 북이 도난당하는 것을 막으려고 감시원도 두었답니다.

샤먼

영혼의 세계와 접촉할 수 있는 초자연적인 힘을 가졌다고 믿었던 사람입니다. 음악과 춤, 노래와 더불어 환각 물질을 사용해 무아지경에 빠졌답니다. 그 상태에서 머릿속에 떠오르는 환상을 암벽에 그렸는데, 이것이 아프리카의 초기 암벽 예술품이랍니다.

베냉 인

16세기에서 17세기 사이에 부조로 제작된 용병 대장과 부하들의 모습입니다.
(베냉의 왕, 뉴욕 메트로폴리탄 예술 박물관)

예술

문신

한때 태평양 군도 전체에서 유행했던 문신 '타투'는 타히티 어로 '피부에 장식을 한다'는 말에서 유래한 것입니다. 문신은 족장과 평민, 자유 시민과 노예를 구분하는 방법으로 사용되었답니다. 폴리네시아 인들에게 문신은 중요한 성인식 요소 중 하나였답니다.

덴드로글리프

문신 외에도 오스트레일리아 문명을 일구어 낸 사람들은 나무 조각품과 같은 것을 장식하는 예술 활동을 했습니다. 덴드로글리프는 나무의 껍질을 벗겨 낸 다음에 장식하는 것인데, 사람이 매장되어 있는 곳임을 표시하기 위해 만든 것이었답니다. 최근에는 오스트레일리아 토착민들의 삶을 이해하고 그들의 예술을 보호, 계승하기 위한 노력들이 이루어지고 있습니다.

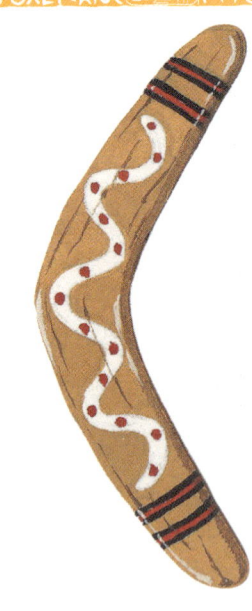

부메랑

오스트레일리아 토착민들은 부메랑을 이용하여 작은 새나 동물들을 사냥했습니다. 반원형으로 만들어진 부메랑은 비행기 날개처럼 윗면과 아랫면의 경사도를 다르게 하여 양력을 발생시킨 다음, 양력의 차이를 이용하여 되돌아오게 하는 원리를 이용한 과학적인 사냥 도구랍니다.

하지만 모든 부메랑이 되돌아오는 것은 아닙니다. 투척만을 목적으로 하는 부메랑도 있는데 이것은 사냥이 아닌 전투용 무기로 사용되었다고 합니다.

보디 페인팅

오스트레일리아의 토착민들은 주로 종교적이고 주술적인 의미가 있는 형태를 몸에 그리고 칠했습니다.

암벽화

오스트레일리아의 토착민들은 손이나 몸 전체를 바위 표면에 나타내는 암벽화도 즐겨 그렸습니다. 방법은 매우 간단했습니다. 손이나 몸을 벽에 대고 침과 섞은 염료를 빨대처럼 생긴 막대로 빨아 올린 뒤 뿌리는 것이었습니다.

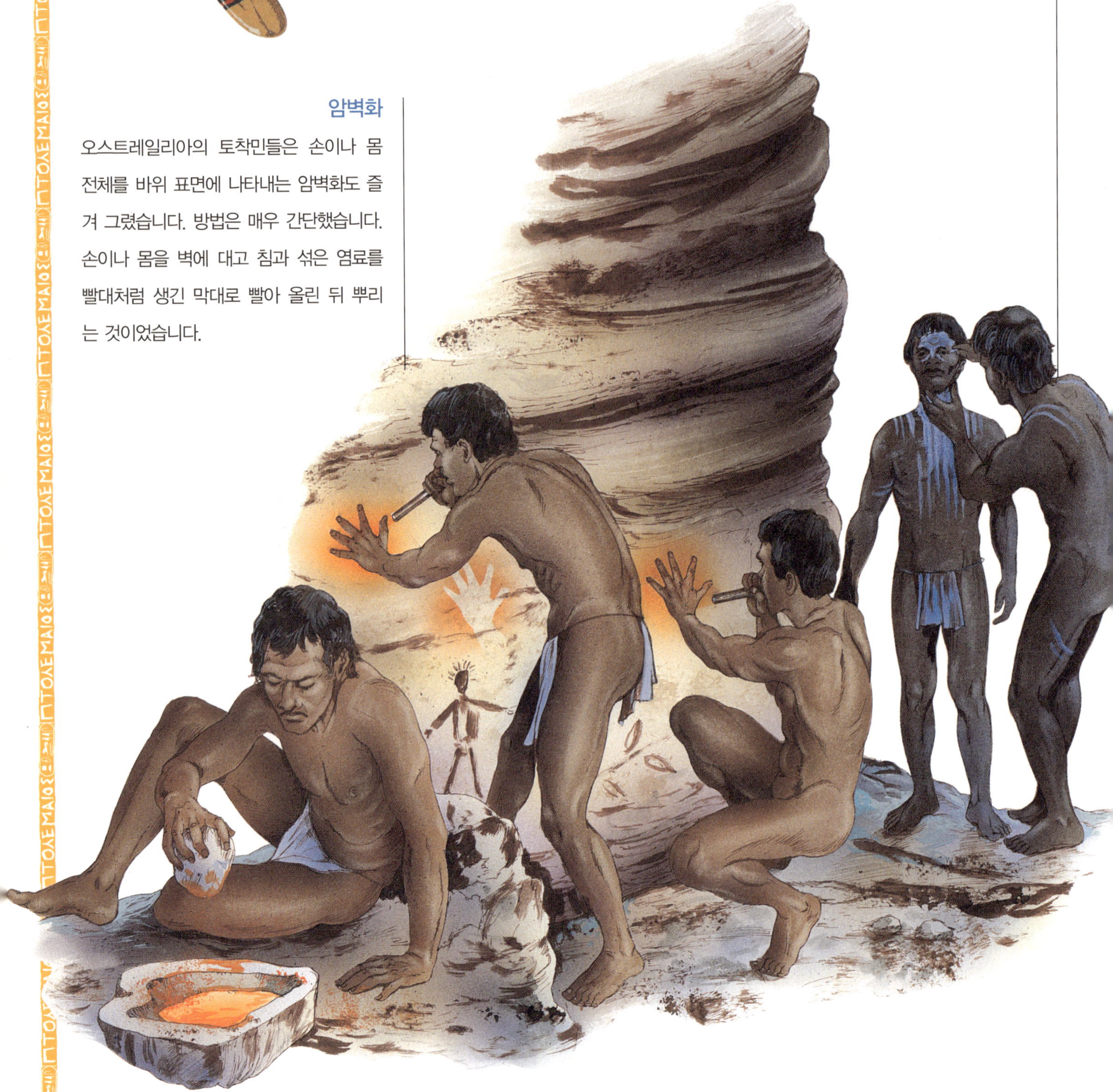

그림 속 탐험 여행

삶의 터전을 잃어버린 사람들

1만 2,000년 전에는 인류 전체가 사냥과 낚시를 하며 살았습니다. 아메리카 대륙을 발견하고 난 후인 5세기 전만 해도 인류의 25퍼센트가 그렇게 살았답니다. 지금은 단 1퍼센트만이 수렵과 채집 생활을 하면서 살고 있습니다. 남아프리카의 사막 지대와 오스트레일리아, 혹은 북극의 툰드라 지대처럼 인간이 지내기 힘든 극한 환경 속에서만 원시생활을 하고 있습니다.

원시생활 방식의 종말을 가져온 것은 유럽 인이었습니다. 18세기에 영국인들이 오스트레일리아와 뉴질랜드를 식민지화했고, 프랑스 인들과 함께 태평양 군도를 손아귀에 넣었어요.

오스트레일리아 남부의 태즈메이니아 섬은 1800년대 초반에 영국인들의 식민지가 되었습니다. 당시 그곳에는 약 5,000명의 토착민들이 살고 있었어요. 하지만 불과 십여 년 만에 학살과 심각한 생태계 파괴로 고향을 등지고 떠나야 했습니다.

오스트레일리아의 토착민들은 약 4만 년 전부터 소수의 공동체를 이루어 살았습니다. 그들은 먹을 것을 찾아 끊임없이 걷는 이동 생활을 했답니다. 그들에게 노래는 한 사람 한 사람이 어떤 부족에 속했는지를 나타내는 음성 신호였습니다. 그러나 지금은 오스트레일리아 대륙을 정복한 영국인들에게 삶의 터전을 빼앗기고 소수만이 살아남아 척박한 사막 지대에서 전통 방식을 고수하며 살아가고 있답니다.

오스트레일리아와 달리 태평양의 섬들은 그보다 앞선 시기에 아시아계 인류에게 한 차례 먼저 정복당했습니다. 약 4,000년 전에 배를 타고 들어온 폴리네시아 인들이 바로 첫 정복자였습니다. 폴리네시아 인들은 절대적 권력을 지닌 우두머리가 이끄는 소규모 집단을 구성하여 살았습니다. 그리고 기원전 1000년 무렵에는 뉴질랜드로 이동했습니다. 그러나 폴리네시아 인들 역시 유럽 인들이 머나먼 항해 길에 올라 신대륙을 찾아 나서면서 그들에게 삶의 터전을 내주고 말았습니다.

애버리진

애버리진이란 오스트레일리아의 토착민을 가리키는 말로, 오스트랄로이드 인종에 속한답니다. 이미 4만 년 전부터 살고 있었으며, 동남아시아를 통해서 이주해 온 것으로 보입니다. 피부는 초콜릿색을 띠며 머리카락은 검지만 때론 밝은 금발도 있답니다. 좁은 두개골과 불거진 눈두덩, 큰 이, 돌출된 턱 등 고대 인류의 특징을 간직하고 있어서 현생 인류의 조상과 가장 유사한 인종으로 보고 있어요. 남인도의 드라비다 족과 파푸아 뉴기니의 토착민, 남태평양의 멜라네시아 인도 오스트랄로이드 인종으로 분류된답니다.

사라진 태즈메이니아 인

오스트레일리아 남동부에서 320킬로미터가량 떨어진 태즈메이니아 섬은 아름다운 자연 경관과 희귀한 생물들로 유명한 곳입니다. 이 섬에는 이미 1만 년 전부터 정착하여 살아온 토착민들이 5천 명 정도 있었어요. 그러나 18세기 말, 유럽 인들이 이주를 시작하면서 끔찍한 학살의 대상이 되었습니다. 살아남은 소수의 태즈메이니아 인들은 강제 노역에 시달리다가 섬에서 쫓겨나고 말았답니다. 그리고 1876년 최후의 태즈메이니아 인 여성이 사망하면서 이 세상에서 태즈메이니아 인은 자취를 감추게 되었습니다. 그녀의 유골은 1947년까지 태즈메이니아 박물관에 전시되는 굴욕을 겪어야 했습니다. 사진의 가운데 있는 여성이 바로 최후의 태즈메이니아 여성입니다.

생활

항해

폴리네시아 선원들은 나침반을 사용할 줄 몰랐습니다. 기원전 4000년경 남태평양의 작은 섬들을 찾아갈 때에는 별과 바람, 파도만으로 바닷길을 찾아야 했답니다. 하지만 가장 큰 어려움은 비상식량이 다 떨어질 때까지 육지를 찾지 못하게 되는 것이었습니다. 바다 한가운데에서 고통스럽게 목숨을 잃게 되는, 참으로 위험한 모험이었던 것입니다.

인간의 첫 상륙

태평양의 섬들은 처음에는 바다 한가운데에 떠 있는 작은 모래 더미에 불과했습니다. 수백만 년의 세월이 흐르는 동안에 바람이 날려 보낸 씨앗과, 새와 거북이가 낳은 알, 태풍에 휩쓸려 온 작은 벌레 들이 섬에 모이게 된 것이지요. 그리고 오랜 세월 자연의 선택을 받거나 환경에 적응하면서 원래의 모습이 조금씩 변하게 되어 오늘날과 같은 태평양만의 독특한 세상이 만들어졌답니다.

정박

약 6,000년 전에 시작한 인류의 탐험 여행이 성공리에 끝날 수 있었던 것은 바로 이중으로 된 카누 형태의 배 덕분이었습니다. 길이는 18~24미터였고, 갑판에는 태양과 바람, 물보라를 피할 수 있는 곳이 전혀 없었습니다. 그렇지만 이 카누 덕분에 인류는 무사히 남태평양의 섬에 정박할 수 있었습니다.

코코넛

코코야자는 폴리네시아 인들이 여러 섬에 가져온 것으로 보입니다. 하지만 야자열매가 파도에 떠밀려 왔을 가능성도 있답니다. 코코넛은 소금물 속에서도 3개월 이상 버틸 수 있으니까요.

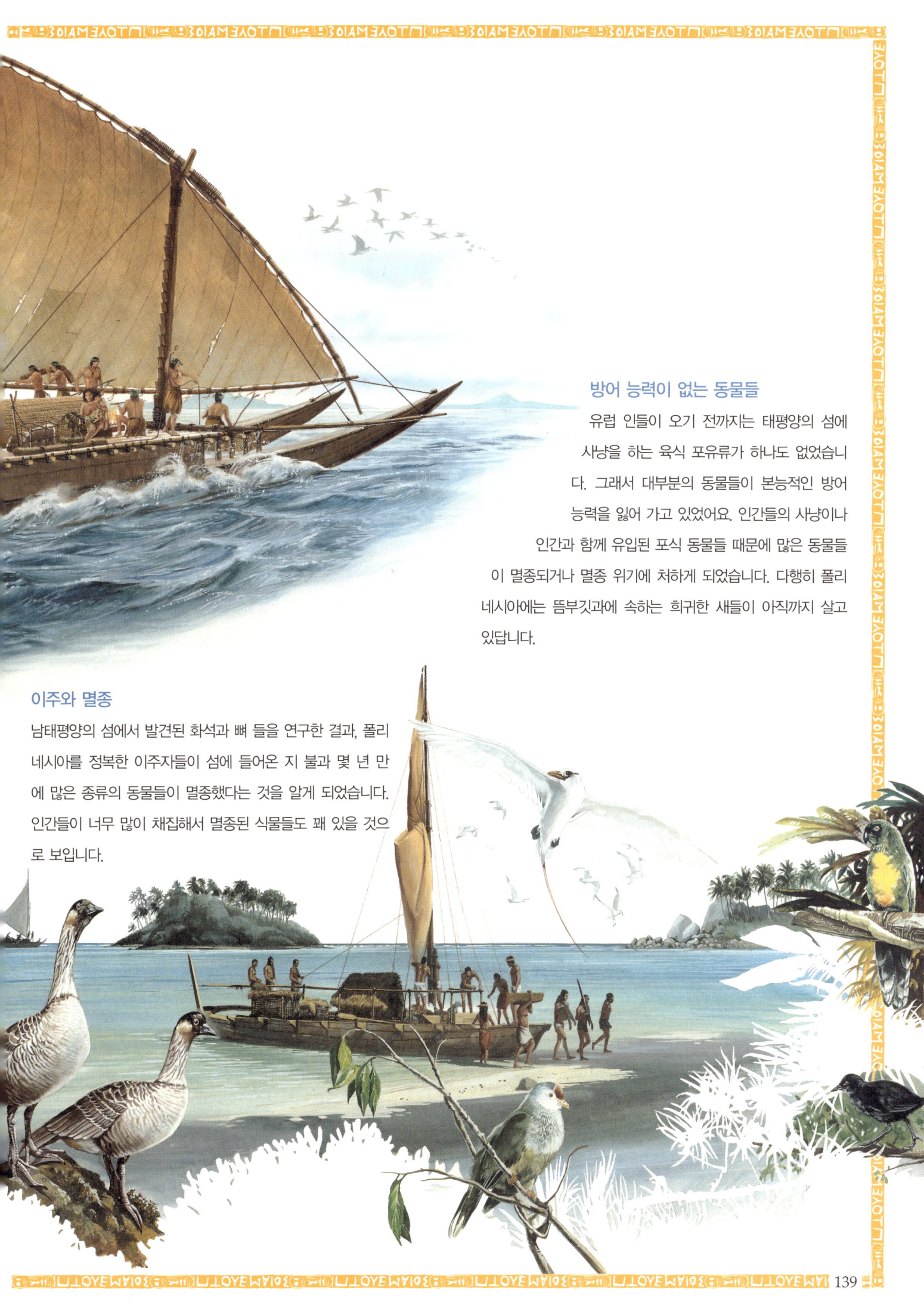

방어 능력이 없는 동물들

유럽 인들이 오기 전까지는 태평양의 섬에 사냥을 하는 육식 포유류가 하나도 없었습니다. 그래서 대부분의 동물들이 본능적인 방어 능력을 잃어 가고 있었어요. 인간들의 사냥이나 인간과 함께 유입된 포식 동물들 때문에 많은 동물들이 멸종되거나 멸종 위기에 처하게 되었습니다. 다행히 폴리네시아에는 뜸부깃과에 속하는 희귀한 새들이 아직까지 살고 있답니다.

이주와 멸종

남태평양의 섬에서 발견된 화석과 뼈 들을 연구한 결과, 폴리네시아를 정복한 이주자들이 섬에 들어온 지 불과 몇 년 만에 많은 종류의 동물들이 멸종했다는 것을 알게 되었습니다. 인간들이 너무 많이 채집해서 멸종된 식물들도 꽤 있을 것으로 보입니다.

찾아보기

ㄱ

가나안 31
가나 왕국 118, 119, 132
가봉 120
가야 75
가이아 49
가이우스 58
갈라파고스 제도 125
갈리아 38
갈리아 인 40
갑골 문자 92
갠지스 강 79, 82
거란족 85
건조 농업 43
검투사 63
게르만 민족 41
게르만 족 39, 69, 70, 75, 97
게브 30
게피다이 족 71
겐스 53
견융 73
고구려 75, 94
고비 사막 77
고인돌 75
고조선 75
공자 73, 90
과두 정치 59
과테말라 102, 107
관우 95
광개토대왕 73
구아냐페 문명 100, 101
굽타 왕조 73, 82
그라쿠스 형제 39, 58
그랜드 키바 114
그레이트 짐바브웨 120, 121
그레이트플레인스(대평원) 115, 117
그리스 39, 46, 54, 64
그리스도교 31, 69, 119, 121
그리스-로마 문명 36
그리스 민족 39, 41, 46
그리스 신전 51, 61
금관 93

금나라 85, 96
금동 대향로 91
금동 미륵 반가 사유상 89
금속 활자 75
기둥머리 60, 61
길도 119

ㄴ

나관중 95
나미비아 128
나바호 족 115
나스카 문명 100, 101
나오스 61
나이저 강 119, 120
나이지리아 119
나일 강 14, 18
나일로미터 20
나파타 119
남북조 시대 73
남아프리카 공화국 128
네부카드네자르 2세 13
네프티스 30
넵투누스 52
노자 91
노크 119
노크 인 119
논어 90
누만티아 38
누비아 27, 119, 121, 132
누비아 인 119, 121, 132
누트 30
뉴기니 섬 122, 123, 124, 126
뉴질랜드 122, 123, 124, 126, 137
니네베 13, 16
니벨룽겐 71
니제르 민족 119

ㄷ

다리우스 1세 13
다우니 족 40

다윈 125
다윗 왕 13
다이카 개신 73
다키아 38
다키아 인 61
단군왕검 73, 75
달력 112
당나라 73, 75, 84, 85, 94
대승 불교 88
데모크라티아 57
덴드로글리프 135
델포이 49, 50
도교 91
도리아식 60
도무스 55
도편 추방제 57
동게르만 족 71
동고트 족 70, 71
동로마 제국 69
동맹시 전쟁 39
동아시아 대전 94
동아프리카 지구대 118
둔황 석굴 88
디아나 52
디오클레티아누스 황제 58

ㄹ

라마 106
라우리온 광산 47
라티푼디움 44
라파누이 인 125
람세스 2세 13
랑고바르드 족 70, 71
로마 38, 39, 54, 60, 64, 69
로마 군단 65
로마 민족 40, 46
로마법 대전 69
로마 인 43, 46, 60, 69
로마 제국 46, 69, 75
로물루스 39
로저 윌리엄스 115
로제타석 36, 37

로지 족 120
리그베다 81
리디아 34

 ㅁ

마가다 왕조 82
마그나 그라이키아 39, 41
마라비 족 120
마르스 52
마르코만니 족 39
마르키즈 제도 123
마리우스 58
마셜 제도 122
마야 문명 101, 102, 107, 109
마야 문명권 100
마야 인 107
마오리 족 123, 124
마우리아 왕조 73, 82, 83, 88
마우리 족 119
마추픽추 100, 112
마카 족 102
마케도니아 13, 27, 38
만딩고 족 119
만리장성 73, 84, 86
말라위 120
말리 제국 119, 120, 130, 132
맹자 90
메디아 33
메디아 인 13, 16
메로에 119, 132
메로에 왕조 118, 119, 121
메르쿠리우스 52
메사 베르데 유적 101
메소포타미아 12, 14, 17, 18, 21, 22, 32, 35, 76
멕시코 101, 103, 106, 107
멜라네시아 122, 123
명나라 85, 95, 96
모골론 인 113
모로코 119
모리타니 119
모아이 133
모체 문명 101, 102
모헨조다로 73, 74, 76
모히칸 족 115
몽골 85, 96, 97

몽골 민족 75, 97
몽골 제국 72, 96, 97
무구 정광 대다라니경 88
미노스 인 39
미론 63
미륵보살 89
미륵 신앙 89
미시시피 강 115
미얀마 88
미케네 문명 39, 41
미크로네시아 122
미트리다테스 35
민용 문자 36
밀라노 칙령 39
밀티아데스 58

 ㅂ

바로체 왕국 120
바르다나 왕조 82
바르후트 불탑 83
바빌로니아 13, 31, 32
바빌로니아 민족 16
바빌로니아 인 13, 31
바빌로니아 제국 13, 16
바이샤 80
반달 왕국 69
반달 족 71
반투 족 119, 120, 128, 132
발키리아 71
발트 족 50
발해 95
백제 73, 75, 94
베냉 왕국 118, 120, 130, 132
베냉 인 134
베다 73, 80
베디 81
베르베르 족 118, 119
베링 해협 100
베트남 83, 90, 92
병마 도용 87
보살 89
보스포루스 해협 12
보츠와나 128
부르군트 왕국 69
부르군트 족 71
부메랑 136

부시먼 족 128, 129
부처(석가모니) 73, 82, 83, 89
북위 94
불교 72, 75, 82, 83, 88, 89, 92
불국사 88
불레 회의 56
브라만 80
브라만교 73, 81
브리타니아 38, 39, 46, 66, 70
비너스 52
비스마르크 제도 123
빵나무 126, 127
뿔 지역 132

 ㅅ

사냥 126, 128, 129, 130
사르곤 1세 13, 17, 32
사르시 족 115
사마베다 81
사마염 73
사무라이 75
사비나 족 40
사포테카 문명 100, 101
사하라 119, 120, 130, 132
사헬 지대 130, 132
산스크리트 어 80, 82, 92
산 족 128
삼국지연의 95
삼니움 족 39, 40
상형 문자 36, 37
상히타 81
색슨 족 70
샤먼 134
샤바카 왕 119
서고트 족 39, 70
서로마 제국 69
서아시아 12
서원 90
서하 왕국 85, 96
석가탑 88
석굴암 본존불상 88
설연타 94
세네갈 왕국 132
세트 30
셰무 19
소승 불교 88

소시에테 제도 123
소아시아 13, 14
소포클레스 62
솔로몬 제도 122
송가이 왕국 118, 120, 130
송나라 73, 84, 85, 90, 96
쇼나 족 120
수 족 115
수나라 73, 75, 85, 94
수단 119
수드라 80
수메르 13, 32
수메르 민족 17
순디아타 왕 120
술라 58
슈 30
스라우타 80
스리랑카 75
스칸디나비아 반도 40, 41
스키타이 35
스키타이 민족 41
스키피오 58
스톤헨지 40
스파르타 59
스파르타쿠스 53
스페인 102, 107, 119
스핑크스 29
슬라브 민족 50
시리아-팔레스타인 12, 14, 31, 33
시바 93
시안 87, 99
시텐노지 89
신도 89
신라 73, 75, 94
신바빌로니아 33
신해혁명 85
실론 섬 75, 88
실크 로드(비단길) 84, 96, 98, 99

아구아다 문화 101
아나사지 문명 100
아나사지 인 113, 114
아나사지 족 102
아나톨리아 반도 12, 16, 22
아누비스 28

아드리아누스 황제 58
아라비아 84, 95, 121
아레오파고스 회의 56
아르메니아 인 50
아르사크 왕조 16
아리스토파네스 62
아리아 인 73, 74
아메리카 대륙 104
아멘호테프 1세 13
아모리 민족 15
아바르 족 69
아소카 왕 73, 82, 88
아슈타르 문 33
아스테카 문명 107, 109
아스테카 문명권 100
아스테카 인 101, 103, 107, 109, 110
아시리아 30
아시리아 민족 16
아시리아 인 32, 121
아우구스투스 39, 58, 64
아이스킬로스 62
아주르베다 81
아카드 32
아카드 민족 17
아카드 인 30
아카이아 민족 41
아크로테리온 61
아크로폴리스 56
아크헤트 19, 24, 26
아타르바베다 81
아테네 38, 48, 56, 59
아툼 30
아틸라 70
아파치 족 115
아페데마크 121
아폴로 52
아폴론 신전 49, 50
아후이즈틀 왕국 101
악록 서원 90
악숨 왕국 118, 119, 121
안데스 고원 110
안데스 산맥 102, 104, 109
안토니우스 58
알렉산드로스 대왕 13, 14, 16, 27, 39, 64, 65, 82
알 모라비드 왕국 118, 119
알바니아 인 50
암벽화 129, 136

앙코르 와트 75, 92
앙코르 톰 92
애버리진 135
앵글로 족 70
야누스 52
야주르베다 81
양쯔 강 77, 94
에뮤 122
에어즈 록(울루루) 124
에우리피데스 62
에콰도르 102, 106
에트루리아 민족 40, 46
에트루리아 인 48
에티오피아 119, 130, 132
에파메이논다스 58
에피알테스 56
엔타블레이처 61
엘살바도르 102, 107
여진족 85
열자 91
영국인 137
영락제 86
예루살렘 13, 15, 31
예리코 13
예멘 121
오디세이 49, 62
오르메카 문명 101, 107
오리엔트 제국 64, 68
오스만 튀르크 69
오스트랄로피테쿠스 118
오스트레일리아 122, 123, 124, 126, 135, 137
오스티아 68
오시리스 30
오이코스 54
오제테 마을 102, 105
오플론티스 65
온두라스 102, 107
올림픽 경기 59, 62
와리 문명 101
왕안석 84
요나라 85
요루바 문명 119
우루크 13, 21
우르 23
원나라 85
원로원 58
위나라 95

윈강 석굴 88
유교 72, 84, 90
유노 52
유다 왕국 13, 15, 31
유다 마카베오 13
유대교 31
유비 95
유스티니아누스 황제 69, 99
유연 94
유카탄 반도 100, 101, 102, 107
유프라테스 강 12, 15, 18
유피테르 49, 52
유학 90
은나라 73, 84, 92
은혜의 북 133
이누이트 족 104, 115
이베리아 민족 40
이스라엘 왕국 13, 15
이스터 섬 123, 125, 133
이슬람교 72, 119, 132
이시스 30, 69
이오니아식 60
이집트 13, 14, 24, 28, 30, 35, 36, 118, 119, 121, 132
이집트 민족 14
이집트 인 20, 28, 35
이츠코아틀 101
인더스 강 74, 76, 79
인더스 계곡 73, 79
인더스 문명 74, 76, 92
인도네시아 96, 122, 123, 124, 126
인도네시아 인 124
인도-아리아 인 74, 79, 80
인디언 117
인디오 103
인술라 55
일광보살 89
일리아드 49, 62
일본 73, 75, 83, 90, 94, 96
잉카 문명 109, 112
잉카 문명권 100
잉카 민족 102, 104
잉카 인 112

ㅈ

자비 83

잠비아 120
장갑 보병 64, 65
장보고 95
장비 95
장자 91
전국 시대 73
제갈량 95
제나라 73
제우스 49, 51
조선 왕조 90
조조 95
주나라 73, 84
주트 족 70
중갑기병 94
지구라트 23
지중해식 농업 42
진나라 73, 85
진무 천황 73, 75
진시황제 73, 84, 86, 87
짐바브웨 119, 120, 128

ㅊ

차빈 문명 100, 101, 112
차코 캐니언 113, 114
차탈 회위크 13, 22
찬드라굽타 마우리아 82
채집 126, 128, 129, 130
천단 91
철륵 94
청나라 85
청동검 75
청해진 95
초디로 129
촉나라 95
추뇨 106
춘추 시대 73
춘추 전국 시대 84
치무 문명 102
치첸이트사 102, 107, 108
치치메카 인 101
칠레 102
칭기즈 칸 96, 97, 98

ㅋ

카넴 왕국 118, 119

카누 122, 138
카데시 전투 13, 14, 33
카라반 숙소 98
카르타고 13, 37, 38, 39
카사 그란데 114
카사르 하우사 족 119
카스트 제도 80
카이사르 39, 58, 69
칼라하리 사막 128
캄보디아 75, 92
캄비세스 16, 34
캄비세스 2세 13, 119
켈트 문명 39
켈트 족 39, 46, 47
코린트식 60, 61
코만치 족 115
코살라 왕조 82
코이산 족 118
코코넛 138
코판 107
콘스탄티누스 황제 39, 58, 69
콜럼버스 117
콜로세움 53
콜롬비아 106
콥트 정교회 119, 121
콩고 분지 120
콰디 족 39
쿠빌라이 칸 96, 97
쿠샨 왕조 82, 83, 88
쿠슈 왕국 118, 119, 121, 132
쿠스코 100, 102, 112
쿠푸 왕 29
크노소스 궁전 41
크레타 민족 41
크레타 섬 39, 41
크메르 족 92
크샤트리아 80
클레이스테네스 57
클로비스 인 101, 105
클리엔테스 55
키루스 대왕 13, 16, 31, 34
키몬 58
키바 116
키케로 58
키클라데스 제도 41

ㅌ

타블리니움 55
타이 88
타투 135
탈라스 전투 73
탕구트 족 85
태즈메이니아 인 137
터키(돌궐) 94, 97
테노치티틀란 100, 101, 107, 109, 111
테미스토클레스 58
테오도시우스 황제 39
테오티우아칸 문명 100, 107
테트라드라크마 48
테프누트 30
토라 31
토마스 데 벨랑가 125
톨테크 문명 101, 107
톨테크 인 101
통가 민족 123
통북투 120
투키디데스 38
투파크 잉카 유팡키 101
트라야누스 기둥 60
트라야누스 황제 39, 64
트로이 13
트리크리니움 55
티그리스 강 12, 18, 32
티베리우스 58
티아우아나코 문명 100, 101

ㅍ

파라오 27, 28, 29
파라카스 문명 101
파르스 루스티카 45
파르스 우르바나 45
파르스 프룩투아리아 45
파르테논 신전 59
파르티아 민족 16
파르티아 인 13, 35
파푸아 인 124
파피루스 25
페니키아 민족 14
페니키아 인 13, 37
페디먼트 61
페레트 19, 25
페루 101, 106, 112
페르가모 왕국 13
페르시아 12, 13, 16, 34, 84, 119
페르시아 민족 16
페르시아 인 34
페르시아 제국 34
페리스타시스 61
페리클레스 56, 58, 59
페이디아스 59
페이시스트라토스 56
펠레폰네소스 62
펠레폰네소스 전쟁 39
포르투갈 120, 123
포르투갈 인 130
포세이돈 51
포에니 전쟁 39
폴란드 96
폴리네시아 122, 125, 127, 138, 139
폴리네시아 문명 123
폴리네시아 인 123, 125, 127, 137, 138
폴리스 53, 56, 59
폼페이우스 39, 58
표음 문자 37
푸에블로 102, 113
푸에블로 델 아로요 113
푸에블로 보니토 113
프랑스 인 137
프랑크 왕국 69
프톨레마이오스 5세 36
플라우투스 62
피라미드 29, 108, 110, 121
필리핀 96
핏케언 제도 123

ㅎ

하나라 74
하데스 50
하라파 74, 76
하르샤바르다나 왕 82
하와이 125
하와이 제도 122, 123
하와이키 124
하우사 도시 국가 연맹 119
한국 73, 75, 83, 88, 90
한나라 73, 74, 84, 85, 90
할리스 전투 34
할슈타트 39, 47
함무라비 법전 32
함무라비 왕 15, 16, 32
해양 민족(해상 민족) 14, 122
해탈 83, 88, 89
헤로도토스 38
헤브라이 민족 14
헤브라이 인 13, 31
헤시오도스 62
호노리우스 119
호루스 사원 27
호메로스 49, 62
호모 사피엔스 118, 122, 126
호피 족 114, 115, 116
호호캄 인 113
화약 95
황토 77
황허 강 74, 76, 77, 84
황허 문명 74, 76, 92
후연 73
훈 족 69, 70, 75
휴런 족 115
흉노족 73, 84, 97
하드리아누스 방벽 68
히타이트 민족 14
히타이트 왕국 13, 14, 33
히타이트 인 14, 33
힉소스 13, 35
힌두교 72, 75, 80, 82, 92, 93

기타

S.P.Q.R. 58
4개 주 경계 구역 113
5호 16국 시대 73, 85, 88

(주)도서출판 청솔은
어린이의 마음을 쑥쑥 키우는
좋은 책들을 골라 펴냅니다.